암세포를 죽이는
NK세포와
영혼육의 건강

면역력을 높이는 실천적 가이드

암세포를 죽이는 NK세포와 영혼육의 건강

데이빗리 지음

예찬사

차례

제2부 NK세포는 무엇인가?

제3부 영혼육의 건강-전인적 치유의 관점

제4부 전인적 예방과 치유와 통합적 실천 전략

추천의 글

데이빗 리의 '암세포를 죽이는 NK세포와 영혼육의 건강' 책을 읽고 처음 드는 생각은 건강한 사람이 이책을 기초로 루틴을 잘 형성하면 영육 간에 참 건강한 사람이 되겠구나였습니다.

건강의 기초적인 의학적 지식도 풍부하고 오랜 경험의 치유 사역의 지혜가 풍부함과 어느 한 부분에 치우치지 않은 균형감 있는 글이었습니다.

40대 초반에 위암에 걸려 위를 전절제하고 그로 인한 음식물 섭취의 장애로 힘들어했고, 50대에 들어 약해진 면역상태로 류마티스에 걸려 고생하다 코로나까지 겹쳐 죽음의 문턱에 한참 머문 적이 있었습니다. 이때 어려움에서 이겨낼 수 있던 것 하나가 중보기도와 안수기도였습니다.

삶의 소망이 끊어져 가는 상태에 가족들과 교회 식구들 그리고 제자들의 기도는 그 와중 평안함과 여전히 하나님이 날 사랑하신다는 믿음을 붙들어 주는 데 큰 힘이었습니다.

그리고 아는 권사님이 해주신 안수기도는 온전하지 않아도 몸의 회복의 시작과 그전 지식으로만 알던 또 다른 영적 세계를 경험할 수 있었습니다.

매일 대화처럼 이어가던 하나님과의 짧은 기도도 규칙적으로 시간을 정하고 하는 기도와 다름이 없다는 것을 배우는 시간이었습니다.

이 책을 읽으면서 감사했던 것은 자신을 힘들게 하고 아프게 했던 사람에 대한 중보기도였습니다. 참으로 하기 힘든 기도입니다. 그런데 이 기도가 참으로 능력이 있습니다.

저자의 말처럼 1분이라도 마음에 없어도 상대를 위해 기도하면 분노와 미움이 작아지고 조금씩 이해가 되어갑니다.

기도하는 사람의 능력이 아닌 성령님의 능력이 우리 마음과 생각과 영혼을 어루만지고 오해가 아닌 이해로 인도하심을 느낄 수 있습니다. 그러면 가슴의 응어리도 질병의 응어리도 하나씩 풀어져감을 경험할 수 있습니다. 하기 싫어도 하나님께 투덜거리듯 기도해도 점점 변하는 자신을 만날 수 있습니다.

단순 공부해서 나온 글이 아니라 수많은 경험과 하나님과의 깊은 관계 속에서 나온 글이라 하나씩 실천해나가면 영육 간에 건강하게 되리라 생각합니다.

최근 암 진단으로 걱정하시는 분들과 투병 중에 계신 분들에게 소망과 위로가 될 좋은 선물이 될 책이라 생각합니다.

질병으로 오는 고통이 주는 선물도 많이 있습니다. 그럼에도 불구하고 저도 이젠 아프지 않았으면 더 좋겠는 생각이 매 순간 듭니다. 독자 여러분도 영육 간에 건강하시길 소망하며 필독을 강력 추천합니다.

의사 채수현

들어가는 글

한 자매의 눈물

2018년 가을, 한국교회부흥운동본부 사무실로 한 통의 전화가 걸려 왔습니다.

"목사님... 저, 유방암 4기 판정을 받았어요. 의사 선생님이 6개월이라고 하셨어요."

전화기 너머로 울음이 터져 나왔습니다. 50대 초반의 김 자매(가명)였습니다. 5년 전 우리 영성 훈련을 받았던 분이었습니다. 그때는 그렇게 건강했었는데...

자매님, 하나님은 살아계십니다. 지금부터 제가 말씀드리는 대로 해보세요.

저는 자매에게 세 가지를 권했습니다.

첫째, 매일 아침 일어나자마자 범사에 감사 기도를 하세요.

둘째, 하루 세 번 7-7-7 호흡법으로 깊이 호흡하며 하나님의 치유를 선포하세요.

셋째, 일주일에 한 번 본부에 오셔서 안수기도를 받으세요.

그리고 덧붙였습니다. 물론 병원 치료도 열심히 받으세요.

하나님은 의사의 손도 쓰십니다.

1년 후, 그 자매가 본부에 오셨습니다. 환한 얼굴로 말씀하였습니다.

"목사님! 암이 완전히 사라졌어요! 의사 선생님이 기적이라고 하셨어요!"

저는 그것이 기적인 줄 압니다. 하나님의 기적입니다. 하지만 동시에 하나님은 우리 몸에 이미 치유의 시스템을 넣어두셨다는 것을 압니다. 그리고 영적 건강이 육체의 건강과 밀접하게 연결되어 있다는 것을 압니다.

15년간의 목회 여정과 발견

저는 2010년에 한국교회부흥운동본부를 설립했습니다. 처음에는 작은 기도 모임으로 시작했습니다. "하나님, 한국 교회를 다시 살려주소서." 이것이 우리의 기도였습니다.

15년이 흐른 지금, 수천 명의 훈련생이 이곳을 거쳐 갔습니다. 60여 과목의 영성 훈련을 무료로 진행하고 있습니다. 왜 무료인가요? 하나님의 은혜는 공짜였기 때문입니다. 우리가 받은 것을 그대로 나누는 것입니다.

그런데 훈련생들 중에 유독 많은 환자들이 계셨습니다. 바로 암 환자들이었습니다.

처음에는 영성 훈련을 받으러 오신 줄만 알았습니다. 그런데 상담을 하다 보니 거의 모든 분들이 절박한 심정으로 오신 것이었습니다.

"목사님, 병원에서는 6개월 시한부라고 했어요."

"목사님, 항암 치료가 너무 힘들어요. 살고 싶어요."

"목사님, 재발했어요. 이제 어떻게 해야 하나요?"

저는 그들을 위해 기도했습니다. 안수기도를 했고, 성막 기도를 가르쳤습니다. 그리고 놀라운 일들이 일어나기 시작했습니다.

말기 암 환자가 완치되었습니다. 재발을 거듭하던 분이 회복되었습니다. 의사도 포기했던 분이 지금 건강하게 살고 있습니다. 모두 하나님의 은혜입니다. 저는 그저 도구일 뿐입니다.

하나님께서 보여주신 것

그런데 기도하고 상담하는 과정에서 하나님께서 한 가지 사실을 제게 보여주셨습니다. 같은 암, 같은 병기(病氣)를 가진 사람들이 같은 치료를 받아도 결과가 완전히 다른 두 부류의 사람들이 있다는 것입니다.

첫 번째 부류는 절망하는 사람들입니다. "왜 하필 나한테 이런 일이 생겼을까요?" "하나님, 제가 무슨 죄를 지었기에 이런 벌을 받는 겁니까?" "이제 다 끝났어요. 저는 죽을 거예요."

이런 분들은 기도를 해드려도 효과가 오래가지 않았습니다. 잠시 위로를 받지만 곧 다시 절망으로 돌아갔습니다. 분노, 원망, 두려움, 불안... 이런 감정들이 그들을 짓눌렀습니다. 그리고 안타깝게도, 이런 분들은 치료 결과가 좋지 않았습니다.

두 번째 부류는 감사하는 사람들입니다.

"목사님, 이 병을 통해 하나님을 더 깊이 만났어요."

"암 진단이 제 인생의 터닝 포인트에요. 정말 감사해요."

"지금 이 순간도 숨 쉴 수 있어서 감사합니다."

이런 분들은 달랐습니다. 치료 과정이 분명 힘들었지만, 그 안에서도 감사를 찾았습니다. 기도할 때 능력이 임했습니다. 호흡할 때 하나님의 평안이 임했습니다. 그리고 놀랍게도, 이런 분들은 치료 결과가 훨씬 좋았습니다. 부작용도 적었고, 회복도 빨랐으며, 재발률도 낮았습니다.

처음에는 이것이 단순히 '마음가짐의 차이'라고 생각했습니다. 긍정적 사고의 힘이라고 생각했습니다. 그런데 아니었습니다.

과학이 증명하기 시작한 성경의 진리

저는 궁금해졌습니다. 왜 감사하고 기도하는 사람들이 암을 더 잘 이겨낼까?

그래서 공부하기 시작했습니다. 의학 서적을 읽고, 면역학 논문을 찾아보고, 전문가들을 만났습니다. 목회자가 왜 이런 공부를 하냐고 묻는 분들도 계셨습니다. 성도들을 더 잘 섬기기 위해서입니다.

그렇게 연구하던 중, 저는 놀라운 발견을 했습니다. 성경이 이미 수천 년 전에 말씀하신 진리를 현대 과학이 하나씩 증명하고 있었던 것입니다.

"마음의 즐거움은 양약이라도 심령의 근심은 뼈를 마르게 하

느니라" (잠언 17:22).

이 말씀이 단순한 비유가 아니었습니다. 실제로 감사와 기쁨은 우리 몸의 면역 시스템을 활성화시킵니다. 반대로 근심과 두려움은 면역력을 떨어뜨립니다.

"평안한 마음은 몸의 생명이나 시기는 뼈를 썩게 하느니라"(잠언 14:30).

이 말씀도 과학적 사실로 증명이 되었습니다. 평안한 마음은 '부교감신경'을 활성화시켜 면역세포가 잘 작동하게 합니다. 반대로 시기, 질투, 분노는 스트레스 호르몬을 증가시켜 면역세포를 억제합니다.

특히 저는 자연살해세포(NK세포 - Natural Killer Cell)라는 것을 알게 되었습니다. 이 세포가 무엇인지 아십니까? 우리 몸속의 특수부대입니다. 24시간 쉬지 않고 순찰하며 암세포를 찾아내는 파수꾼입니다. 암세포를 발견하면 단 5분 안에 파괴합니다.

그런데 더 놀라운 사실은 이것이었습니다. 기도하고 감사하는 사람의 NK세포 활성도가 훨씬 높다는 것입니다! 반대로 스트레스를 받고, 불안해하고, 분노하는 사람의 NK세포는 약해집니다. 단 하룻밤만 잠을 설쳐도 NK세포 활성도가 70%나 떨어집니다.

이제 이해가 되기 시작했습니다. 왜 감사 기도를 하는 암환자가 더 잘 회복되는지. 왜 안수기도를 받고 평안을 얻은 분들이 치료 결과가 좋은지. 왜 7-7-7 호흡법으로 깊이 호흡하는 분들은 부작용이 적은지 알게 됐습니다.

이 모든 것이 우연이 아니었습니다. 하나님께서 우리 몸을 창조하실 때 이미 치유의 시스템을 넣어두셨던 것입니다.

이 책을 쓰는 이유

15년간 수천 명의 암 환자를 만나고, 기도하고, 상담하면서 저는 확신하게 되었습니다. 암은 단순한 육체의 병이 아닙니다.

물론 암은 분명히 육체에 생기는 질병입니다. 세포가 비정상적으로 변하고 자라는 것입니다. 그래서 수술도 하고, 항암제도 쓰고, 방사선 치료도 합니다. 이것은 절대적으로 필요합니다. 그러나 그것만으로는 부족합니다.

하나님께서 우리를 창조하실 때에 세 부분으로 만드셨습니다. 영(靈)은 하나님과 교제하는 부분, 혼(魂)은 생각, 감정, 의지의 영역, 육(肉)은 물리적인 몸입니다.

이 세 영역은 독립적이지 않습니다. 서로 긴밀하게 연결되어 있습니다. 영이 건강하면 혼(마음)이 평안하고, 육(몸)이 강해집니다. 영이 병들면 혼(마음)이 혼란스럽고, 육(몸)이 약해집니다.

제가 만난 많은 암 환자들을 보면서 깨달은 것이 있습니다. 암에 걸린 사람 중 상당수가 이런 공통점을 가지고 있었습니다. 오랫동안 용서하지 못한 사람이 있었고, 깊은 상처와 원망을 마음속에 품고 살았으며, 만성적인 스트레스와 불안에 시달렸고, 하나님과의 관계가 멀어져 있었으며, 감사보다는 불평이 많았습니다.

물론 모든 암이 이런 영적 문제 때문에 생기는 것은 아닙니다. 유전적 요인도 있고, 환경적 요인일 수도 있습니다. 하지만 분명한 것은, 영적으로 건강하고 마음이 평안한 사람이 암을 더 잘 이겨낸다는 사실입니다.

그래서 저는 이 책을 쓰기로 했습니다.

이 책이 다루는 세 가지 핵심

이 책은 단순한 건강 서적이 아니며 신앙 서적도 아닙니다. 영혼육의 통합적 건강을 위한 실제적 가이드입니다.

첫째, 암세포는 무엇이며, 왜 생기고, 어떻게 자라는가? 먼저 우리는 적을 알아야 합니다. 암세포가 무엇인지 정확히 알아야 합니다. 어렵게 생각하실 필요 없습니다. 제가 목회 현장에서 성도들에게 설명하듯이 아주 쉽게 풀어서 설명해 드리겠습니다.

제가 놀란 것은 이것입니다. 우리 몸에서는 매일 약 1,000~10,000개의 암세포가 생긴다는 사실입니다!

"목사님, 그럼 저도 암세포가 있다는 건가요?"

"네, 지금 이 순간에도 생기고 있습니다."

"그럼 저도 암에 걸리는 건가요?"

아닙니다! 하나님께서 우리 몸에 암세포를 제거하는 시스템을 넣어두셨습니다. 바로 그것이 NK세포입니다.

둘째, 면역세포에 속한 NK세포는 무엇이며, 어떻게 우리를 지키는가?

NK(Natural Killer Cell)세포(자연살해세포-선천면역세포)는 정말 놀라운 존재입니다. 우리 몸에는 약 20억~60억 개의 NK 세포가 있습니다. 이들은 24시간 쉬지 않고 우리 몸을 순찰합니다. 암세포나 바이러스에 감염된 세포를 발견하면 즉시 공격합니다.

명령도 필요 없습니다. 훈련도 필요 없습니다. 태어날 때부터 자연스럽게(Natural) 암세포를 죽이는(Killer) 능력을 가지고 있습니다. 그래서 이름이 자연살해세포(Natural Killer Cell)입니다. 얼마나 빠른지 아십니까? 암세포를 발견하면 단 5분 안에 파괴합니다!

그런데 문제가 있습니다. 현대인의 NK세포가 점점 약해지고 있다는 것입니다. 만성 스트레스, 수면 부족, 낮은 체온, 영양 불균형, 운동 부족, 그리고 영적 건강 저하... 좋은 소식은 이것입니다. NK세포는 다시 강하게 만들 수 있습니다! 생활 습관을 바꾸고, 영양을 관리하고, 스트레스를 줄이고, 무엇보다 기도하고 감사하는 것입니다.

셋째, 영혼육이 어떻게 연결되어 있으며, 어떻게 통합적으로 건강해질 수 있는가? 이것이 이 책의 핵심입니다. 제가 15년간 목회하며 발견한 가장 중요한 진리입니다. 몸만 치료해서는 안 됩니다. 마음도 치유해야 하고, 영도 회복해야 합니다.

한국 교회 부흥운동본부에서 진행하는 영성 훈련이 왜 암 환자들에게 효과가 있을까요? 우리는 단순히 "기도하면 낫는다"고 말하지 않습니다. 물론 하나님의 기적적인 치유도 있습니다. 저는 그것을 수없이 목격했습니다.

하지만 우리가 강조하는 것은 육체(NK세포를 강화하는 생활습관), 혼(감정과 생각의 치유), 영(하나님과의 관계 회복)입니다. 이 세 가지가 조화를 이룰 때, 놀라운 일이 일어납니다.

누구를 위한 책인가?

이 책은 모든 환자, 특히 암 환자 본인, 암 환자 가족, 암 예방을 원하는 분, 목회자와 사역자, 모든 그리스도인을 위해 쓰였습니다. 희망을 드립니다. 하나님은 살아계시고, 당신의 몸에는 이미 치유의 능력이 있습니다.

이 책은 의학 서적이 아닙니다. 암 진단을 받으셨다면 반드시 전문 의료진의 진료를 받으셔야 합니다.

"목사님, 그럼 병원 치료를 받아야 하나요, 말아야 하나요?"

이런 질문을 종종 받습니다. 제 대답은 명확합니다. 반드시 받으세요! 하나님은 의사의 손도 쓰십니다.

수술, 항암화학요법, 방사선 치료... 이것들은 하나님께서 인간에게 주신 지혜입니다. 거부하지 마십시오. 다만 그것만으로는 부족하다는 것입니다. 거기에 더해서 주님을 믿고 기도하고, 감사하고, NK세포를 강화하고, 영혼육을 돌보십시오. 이것이 이 책이 전하는 메시지입니다.

지금 이 책을 펼친 당신. 혹시 암 진단을 받고 절망 속에 계십니까? 가족 중 암 환자가 있어 막막하십니까? 재발의 두려움에 떨고 계십니까?

제가 15년간 목회하며 확신하게 된 것이 있습니다. 하나님은 살아계시고, 지금도 역사하십니다. 당신의 몸에는 이미 치유의 능력이 있습니다. 희망은 있습니다.

"염려하지 말라. 내가 너와 함께함이라. 놀라지 말라. 나는 네 하나님이 됨이라. 내가 너를 굳세게 하리라. 참으로 너를 도와 주리라. 참으로 나의 의로운 오른손으로 너를 붙들리라"(이사야 41:10).

자, 이제 함께 여정을 시작합시다. 암세포의 비밀을 파헤치고, NK세포를 깨우며, 영혼육의 건강을 회복하는 여정으로. 하나님의 은혜가 함께하시길 기도합니다.

한국교회부흥운동본부 대표
데이빗리 목사

제1부

정상세포와 암세포의 비밀

제1장

정상세포와 암세포는 무엇이 다른가?

1. 세포는 무엇인가?

"목사님, 세포가 뭐예요?"

성막 기도 시간에 한 집사님이 물으셨습니다. 아주 좋은 질문입니다. 암을 이해하려면 먼저 세포를 알아야 합니다. 세포를 쉽게 설명해 드리겠습니다.

우리 몸을 큰 건물이라고 생각해 보세요. 그 건물을 이루는 벽돌 하나하나가 바로 세포입니다. 우리 몸에는 약 37조 개의 세포가 있습니다. 37조요! 상상이 되시나요? 1조도 어마어마한데 37조입니다. 예를 들어 볼까요: 만약 1초에 하나씩 센다면, 37조를 다 세는 데 117만 년이 걸립니다. 지구 인구가 약 80억 명인데, 우리 몸의 세포는 그보다 4,600배 많습니다.

이렇게 많은 세포(Cell)들이 각자 맡은 역할을 하며 조화롭게 살아갑니다.

2. 세포의 종류와 역할

여러 세포에도 마치 교회에 목사, 장로, 집사, 성도가 있듯이, 각각의 역할을 하는 직업이 있습니다.

세포의 종류에는 뇌와 신경을 구성하며 정보를 전달하는 신경세포, 몸의 수축과 이완을 담당하는 근육세포, 산소운반과 면역과 출혈 방지를 담당하는 혈액세포, 피부, 장, 호흡기의 보호와 흡수와 분비를 담당하는 상피세포, 신체를 지지하고 연결과 저장을 담당하는 결합조직세포, 미분화세포로써 다른 세포로 분화하는 줄기세포, 병원체를 방어하는 면역세포, 호르몬을 분비하는 내분비세포, 혈관 내벽을 유지하고 혈액 흐름을 조절하는 상피모세포들이 있습니다.

예를 들면 근육세포에 속한 심장세포(심장근세포)는 하루 10만 번 뛰면서 평생 쉬지 않고 일합니다. 한 번만 멈추면 몸은 죽습니다. 이 얼마나 충성스러운 종입니까?

상피세포 중에 피부세포는 집사처럼 우리를 섬기고 보호합니다. 외부의 세균과 바이러스로부터 우리를 지킵니다. 상처가 나면 재빨리 달려가 치유합니다.

면역세포(Immune cell)는 장로처럼 교회(몸)를 지킵니다. 면역세포에는 백혈구(WBC), 대식세포(Macrophage), T세포, B세포, NK세포가 있습니다. 병원체와 싸우고, 암세포를 제거하며, 몸의 건강을 지킵니다.

신경세포는 교회의 당회처럼 모든 것을 지휘합니다. 명령을 내리고, 정보를 처리하고, 몸 전체를 조율합니다.

이 모든 세포가 완벽한 질서 속에서 움직입니다. 하나님께서 창조하신 놀라운 시스템입니다.

(1) 정상세포의 아름다운 일생

성막 기도를 가르칠 때 저는 이렇게 설명합니다.

성막에 들어가는 제사장이 있었죠? 태어나고, 봉사하고, 은퇴하고, 죽습니다. 세포도 똑같습니다."

정상세포의 일생은 정말 아름답습니다. 질서정연합니다. 마치 잘 훈련된 군인과 헌신하는 제사장과 같습니다.

① 세포의 탄생 – 하나님의 창조 원리

"여호와 하나님이 땅의 흙으로 사람을 지으시고 생기를 그 코에 불어넣으시니 사람이 생령이 되니라"(창세기 2:7).

하나님께서 아담을 창조하셨듯이, 우리 몸에서도 매일 새로운 세포가 창조됩니다. 어떻게요? 세포 분열을 통해서입니다.

하나의 세포가 둘로 나뉩니다. 어머니 세포가 딸 세포 두 개를 낳는 것입니다. 이때 어머니 세포는 자신의 유전정보(DNA-설계도)를 정확하게 복사하여 딸 세포들에게 전달합니다.

세포에는 세포핵이 있고 세포핵 안에 DNA(Deoxyribo nucleic acid:디옥시리보핵산)가 있습니다. 즉, DNA는 설계도이고, 세포는 그 설계도에 따라 생명 활동을 수행하는 공장입니다. 세포는 몸의 건물이고 DNA는 그 건물을 짓는 설계도입니다.

얼마나 정확한지 아십니까? 우리 몸의 DNA는 약 30억 개의 염기쌍으로 이루어져 있습니다. 이것을 책으로 만들면 백과사전 1,000권 분량입니다! 이 엄청난 정보를 복사할 때 실수율이 얼마나 될까요? 10억 번에 1번 정도입니다!

백과사전 1,000권을 베껴 쓰는데 오타가 고작 1-2개뿐이라는 뜻입니다. 놀랍지 않습니까? 이것이 우연일까요? 아닙니다. 하나님의 설계도입니다.

매일 우리 몸에서는 약 3,000억 개의 새로운 세포가 태어납니다. 3,000억이요! 한국 인구 5,000만 명의 6,000배입니다. 매일! 매일 이렇게 많은 세포가 태어납니다.

② 세포의 성장과 활동 - 각자의 사명

태어난 세포는 곧 자신의 역할을 배웁니다. 이것을 과학에서는 '세포 분화'라고 합니다.

저는 이것을 성도들에게 이렇게 설명합니다.

여러분, 교회 새가족 교육을 받으셨죠?

처음 교회 온 사람은 교회가 낯설잖아요. 그런데 새가족 교육을 받으면 '아, 내가 이 교회에서 이런 역할을 해야 하는구나' 알게 되죠? 세포도 똑같습니다!

간으로 태어난 세포는 "간세포 교육"을 받습니다. 그러면 간의 기능을 배웁니다. 해독 작용, 단백질 합성, 담즙 생성... 이런 것들을 배웁니다. 피부로 태어난 세포는 "피부세포 교육"을 받습니다. 보호막 만드는 법, 방수 기능, 세균 차단법...

이런 것들을 배웁니다.

그리고 평생 자기 자리를 지킵니다. 간세포가 갑자기 "나 피부로 가고 싶어"라고 하지 않습니다. 피부세포가 갑자기 "나 심장 일 해볼래"라고 하지 않습니다. 각자 자기 자리에서 자기 역할을 충실히 감당합니다. 이것이 하나님의 질서입니다.

"몸은 한 지체뿐만 아니요 여럿이니... 발이 내가 손이 아니니 몸에 붙지 아니하였다 할지라도 이로써 몸에 붙지 아니한 것이 아니요" (고린도전서 12:14–15).

바울 사도가 교회에 대해 하신 말씀이 우리 몸의 세포에도 그대로 적용됩니다!

③ 세포의 죽음 – 아름다운 헌신

모든 생명체에는 수명이 있습니다. 세포도 마찬가지입니다.

각 세포의 수명을 볼까요?

백혈구는 수 시간에서 수 일, 적혈구는 120일, 혈소판은 약 7~10일, 장세포는 2~5일, 피부세포는 2~4주, 간세포는 6개월~1년, 근육세포는 수 년 이상, 뼈세포는 약 10년, 정자세포는 약 2개월, 난자세포는 수 십년, 신경세포와 심장세포는 태어날 때부터 죽을 때까지 평생 존재합니다.

수명이 다하면 세포는 어떻게 될까요? 여기서 정말 놀라운 일이 일어납니다. 세포는 스스로 죽음을 선택합니다!

과학 용어로는 'Apoptosis(아포토시스)'라고 합니다. 우리말로 하면 '세포자살' 또는 '프로그램된 세포 죽음'입니다. "세포가 자살을 한다고요?" 네, 그런데 이것은 절망의 자살이 아닙니다. 헌신의 죽음입니다.

"한 알의 밀이 땅에 떨어져 죽지 아니하면 한 알 그대로 있고 죽으면 많은 열매를 맺느니라"(요한복음 12:24).

세포의 죽음이 바로 이것입니다. 늙고 손상된 세포가 계속 살아있으면 몸 전체에 해가 됩니다. 그래서 세포는 전체의 유익을 위해 자신을 희생합니다.

세포자살 과정은 정말 아름답습니다.

첫째, 세포는 자신의 DNA를 작은 조각으로 자릅니다. 마치 이사 가기 전에 집을 정리하듯이 말입니다.

둘째, 세포막에 '나를 치워주세요'라는 신호를 내보냅니다. 마치 쓰레기봉투에 '재활용' 스티커를 붙이는 것과 같습니다.

셋째, 대식세포(Macrophage)라는 청소부 세포가 옵니다. 죽은 세포, 세균, 바이러스, 이물질을 깨끗이 먹어 치웁니다. 병원체를 분해하고 그 조각을 T세포에게 보여주고 후천면역을 유도하여 면역 반응을 활성화시킵니다. 그리고 사이토카인(cytokine)을 분비해 염증 반응을 조절하고, 다른 면역세포를 불러옵니다.

대식세포가 과다하면 만성 염증, 자가면역질환을 유발할

수 있습니다. 기능이 약해지면 감염에 쉽게 노출됩니다. 그러므로 면역 균형이 중요합니다.

대식세포는 거의 모든 조직에 존재하지만 위치에 따라 이름이 다릅니다. 간에는 쿠퍼세포, 폐에는 폐포대식세포, 뇌에는 미세아교세포, 피부에는 랑게르한스세포, 뼈에는 파골세포라고 부릅니다.

넷째, 놀랍게도, 죽은 세포의 부품들은 버려지지 않습니다. 새로운 세포를 만드는 재료로 재활용됩니다. 그리고 세포 재생을 돕는 요소 중에 내부적 요소는 산소, 단백질, 지방, 탄수화물, 호르몬, 줄기세포, 면역세포, 외부적 요인에는 단백질, 비타민A, C, E, D, 아연, 오메가-3 지방산, 폴리페놀.항산화물질. 생활습관요인에는 충분한 수면과 규칙적인 운동과 스트레스 조절, 적절한 수분 섭취, 금연과 절주 등이 있습니다.

매일 우리 몸에서는 약 500억~700억 개의 세포가 이렇게 죽습니다. 700억이요! 그런데 걱정하지 마세요. 같은 숫자만큼 새로 태어납니다. 완벽한 균형입니다.

이것을 보면서 저는 하나님의 능력과 지혜에 감탄합니다.

> "주께서 그들의 얼굴을 숨기시면 그들이 떨고 주께서 그들의 호흡을 거두시면 그들은 죽어 먼지로 돌아가나이다. 주의 영을 보내어 그들을 창조하사 지면을 새롭게 하시나이다" (시편 104:29-30).

죽음과 탄생, 소멸과 창조의 완벽한 순환. 이것이 하나님의 창조 원리입니다.

3. 암세포는 무엇인가?

(1) 암세포의 특성

이제 암세포(Cancer cell)는 원래 정상세포였지만 유전자 변이(DNA 이상)가 생겨 통제 없이 증식하고 몸 안에서 반란을 일으켜서 몸에 해를 주는 비정상세포입니다.

한 집사님이 이렇게 물으셨습니다.

"목사님, 암세포도 세포잖아요. 그럼 암세포도 하나님이 만드신 건가요?"

좋은 질문입니다. 암세포는 하나님이 만드신 것이 아닙니다. 정상세포가 타락한 것입니다. 마치 루시퍼가 원래는 아름다운 천사였지만 교만하여 사탄이 되었듯이, 정상세포가 변질되어 암세포가 되는 것입니다.

① 암세포의 첫 번째 특성: 불멸성 - 나는 절대 죽지 않는다

정상세포는 정해진 횟수만큼 분열하고 죽습니다. 과학자들이 발견한 것이 있습니다. 대부분의 세포는 약 50~60회 분열하면 더 이상 분열하지 않습니다. 이것을 '헤이플릭 한계(Hayflick Limit)'라고 합니다.

왜 그럴까요? 염색체의 끝부분에 '텔로미어(Telomere)'라는 것이 있습니다. 이것은 마치 신발끈 끝의 플라스틱 캡과 같습니다. 신발끈이 풀어지지 않게 보호하는 역할이죠. 세포가 분열할 때마다 이 텔로미어가 조금씩 짧아집니다. 마치 초가 타면서 짧아지듯이. 텔로미어가 너무 짧아지면 더 이상 분열할 수 없습니다. 그리고 세포는 죽음을 맞이합니다. 이것은 하나님의 지혜입니다. 세포가 무한정 분열하면 문제가 생기니까요. 그런데 암세포는 이 시스템을 무력화시킵니다.

암세포는 '텔로머라제(Telomerase)'라는 효소를 과도하게 만들어냅니다. 이 효소는 짧아진 텔로미어를 다시 길게 만듭니다! 마치 다 타가는 초에 계속 초를 붙이는 것과 같습니다. 결과는? 무한정 분열합니다.

실제로 실험실에서 배양한 암세포는 수십 년이 지나도 계속 살아있습니다. 가장 유명한 사례가 'HeLa 세포'입니다. 1951년, 헨리에타 랙스(Henrietta Lacks)라는 흑인 여성이 자궁경부암으로 사망했습니다. 그런데 그녀의 암세포를 채취하여 배양했는데, 이 세포가 지금까지 73년 넘게 살아있습니다! 헨리에타 랙스 본인은 1951년에 세상을 떠났지만, 그녀의 암세포는 2024년 현재도 전 세계 수많은 연구실에서 살아 증식하고 있습니다.

이것이 암세포의 첫 번째 무서운 특징입니다. 절대 죽지 않으려 합니다. 이것은 영적으로도 의미심장합니다. 죄도 그렇지 않습니까? 죄는 죽기를 거부합니다. "한 번만 더", "마지막이야"라고 하면서 계속 살아남으려 합니다.

"죄의 삯은 사망이로되"(로마서 6:23).

죄는 결국 죽음을 가져오지만, 죄 자체는 암세포처럼 죽기를 거부합니다.

② 암세포의 두 번째 특성: 무한 증식 – "나는 끝없이 늘어난다"

정상세포는 주변 세포들과 소통합니다. '야, 이쪽은 꽉 찼어. 더 이상 분열하지 마.' '오케이, 알았어.' 이것을 과학에서는 '접촉억제(Contact Inhibition)'라고 합니다. 주변이 빽빽하면 분열을 멈추는 것입니다.

또한 정상세포는 성장 신호가 있어야만 분열합니다. 마치 상사의 명령이 있어야 일하는 직원과 같습니다.

그런데 암세포는 완전히 다릅니다.

첫째, 성장 신호를 스스로 만듭니다. 명령을 기다리지 않습니다. 스스로 '자라라!' 신호를 만들어냅니다. 마치 자기가 자기에게 월급을 주는 것과 같습니다.

둘째, 성장 억제 신호를 무시합니다. '그만 자라라'는 신호를 받아도 듣지 않습니다. 마치 빨간불에도 계속 달리는 자동차와 같습니다.

셋째, 주변이 꽉 차도 계속 분열합니다. 공간이 없어도 상관없습니다. 다른 세포를 밀어내고라도 자리를 차지합니다. 마치 만원 지하철에서 계속 사람을 밀고 들어오는 것과 같습니다.

결과는? 기하급수적 증식입니다. 1개 → 2개 → 4개 → 8개 → 16개 → 32개 → 64개 → 128개...

계산해 볼까요? 10회 분열하면 약 1,000개, 20회 분열하면 약 100만 개, 30회 분열하면 약 10억 개입니다.

10억 개의 암세포가 모이면 약 1g의 종양 덩어리가 됩니다. 1g이요! 엄청 작죠? 이것이 CT나 MRI에서 겨우 발견될 수 있는 크기입니다. 약 1cm 정도입니다.

그런데 여기서 놀라운 사실! 1cm 암이 발견되었다면, 그 암은 이미 얼마나 자랐을까요? 계산해 보면 약 30회 분열한 것입니다. 암세포가 한 번 분열하는 데 걸리는 시간을 '배가 시간(Doubling Time)'이라고 합니다. 암의 종류에 따라 다르지만 평균 약 100일 정도입니다.

30회 분열 × 100일 = 3,000일 = 약 8년

즉, 1cm 암이 발견되었다면 그 암은 이미 8년 전에 시작되었을 가능성이 높습니다!

"목사님, 그럼 제 암은 언제 시작된 건가요?"

많은 환자들이 이렇게 묻습니다.

대부분 10년에서 30년 전입니다. 놀라시죠? 그렇습니다. 암은 하루아침에 생기지 않습니다. 수년, 수십 년에 걸쳐 천천히 자랍니다.

이것도 영적으로 의미가 있습니다. 죄도 그렇습니다. 갑자기 큰 죄를 짓는 것이 아닙니다. 작은 죄를 계속 반복하다가 어느 순간 걷잡을 수 없이 커집니다.

"각 사람이 시험을 받는 것은 자기 욕심에 끌려 미혹됨이니 욕

심이 잉태한즉 죄를 낳고 죄가 장성한즉 사망을 낳느니라"(야고보서 1:14-15).

욕심 → 죄 → 사망. 마치 암세포의 성장 과정과 같지 않습니까?

③ 암세포의 세 번째 특성: 침투성과 전이 - 나는 어디든 간다

작년 여름, 한 권사님이 본부에 오셨습니다. 대장암 수술을 받으셨는데, 최근 검사에서 간에서 암이 발견되었다고 하셨습니다.

"목사님, 대장암이었는데 왜 간에 암이 생겼을까요? 간암도 따로 생긴 건가요?"

아닙니다, 권사님. 대장암이 간으로 이동한 겁니다.

"암이 이동을 해요?"

네, 암세포는 원래 있던 곳을 떠나 다른 장기로 여행을 갑니다.이것을 전이라고 합니다.

정상세포는 절대 이렇게 하지 않습니다. 간세포는 평생 간에 머뭅니다. 폐 세포는 평생 폐에 머뭅니다. 심장 세포는 평생 심장에 머뭅니다.

왜 그럴까요? 세포들은 서로 '세포 간 접착 분자'로 꽁꽁 묶여 있습니다. 마치 레고 블록처럼 서로 딱딱 맞물려 있습니다. 또한 각 장기는 '기저막(Basement Membrane)'이라는 경계선으로 둘러싸여 있습니다. 마치 나라의 국경선과 같습니다. 정상세포는 이 경계를 절대 넘지 않습니다.

그런데 암세포는 이 모든 것을 무시합니다.

첫째, 접착력을 약화시킵니다. 암세포는 세포 간 접착 분자를 만들지 않거나, 있어도 약하게 만듭니다. 마치 레고 블록의 돌기를 갈아버리는 것과 같습니다. 그러면 쉽게 떨어져 나옵니다.

둘째, 경계를 파괴합니다. 암세포는 특수한 기질분해효소들을 분비합니다. 이 효소들은 주변 조직을 녹입니다! 예를 들어 'MMP(Matrix Metalloproteinase)'라는 효소가 있습니다. 이것은 마치 산성 물질처럼 조직을 분해합니다. 비유하자면, 감옥에 갇힌 죄수가 벽을 녹이는 산을 뿌려 탈출하는 것과 같습니다.

셋째, 혈관 림프관으로 여행합니다. 이것이 가장 무서운 부분입니다. 이것을 전이(Metastasis)라고 합니다.

전이 과정을 자세히 볼까요?

가. 암세포가 원래 있던 종양에서 떨어져 나옵니다. 수천 개, 수만 개의 암세포가 매일 이렇게 탈출을 시도합니다.

나. 혈액을 타고 온몸을 돌아다닙니다. 이때 대부분의 암세포는 죽습니다. 왜요? 혈류의 압력에 견디지 못해서, 면역세포(NK세포!)의 공격을 받아서, 영양분을 얻지 못해서입니다.

놀랍게도, 혈관에 들어간 암세포 중 99.9%는 죽습니다! 살아남는 것은 겨우 0.1%입니다.

다. 살아남은 암세포가 새로운 장기에 도착합니다. 혈관 밖으로 빠져나옵니다.

라. 새로운 환경에 적응합니다. 이것도 어렵습니다. 마치

사막에 떨어진 물고기와 같습니다. 대부분 여기서 죽습니다.

마. 극소수의 암세포만이 새로운 곳에서 증식에 성공합니다. 그리고 새로운 종양을 만듭니다. 이것이 전이 현상입니다.

"목사님, 그럼 전이는 막을 수 없나요?"

있습니다! 바로 면역세포, 특히 NK세포입니다."

NK세포는 혈액 속을 순찰하다가 여행 중인 암세포를 발견하면 즉시 공격합니다. 그래서 99.9%가 죽는 것입니다. 만약 NK세포가 강하면? 전이 가능성이 크게 줄어듭니다. 만약 NK 세포가 약하면? 전이 위험이 높아집니다.

이것이 바로 제가 본부에서 안수기도와 함께 NK세포 강화를 강조하는 이유입니다.

전이가 잘 되는 장기를 보면, 폐암은 뇌·뼈·간으로, 유방암은 뼈·폐·간·뇌로, 대장암은 간·폐로, 전립선암은 뼈로, 위암은 간·복막으로 잘 갑니다.

왜 특정 장기로만 갈까요? 이것을 '씨앗과 토양 이론(Seed and Soil Theory)'이라고 합니다. 암세포(씨앗)는 자신이 자라기 좋은 환경(토양)을 찾아갑니다. 마치 민들레 씨앗이 아무 곳에나 떨어지지만, 흙이 있는 곳에만 뿌리를 내리는 것과 같습니다.

④ 암세포의 네 번째 특성: 위장술 – "나는 정상이다"

2년 전, 한 집사님이 면역항암제 치료를 받기 시작하셨습니다."목사님, 의사 선생님이 '면역 체크포인트 억제제'를 쓴다고 하는데, 이게 뭐예요?"

이것을 설명하려면 암세포의 가장 교활한 특징을 알아야 합니다. 바로 위장술입니다.

우리 몸의 면역세포는 매우 똑똑합니다. 정상세포와 비정상세포를 구별할 수 있습니다. 그런데 암세포는 이것을 피하는 방법을 알아냈습니다.

첫 번째 전략은 '나를 공격하지 마라.' 신호를 내보내는 것입니다. 정상세포는 표면에 '나는 정상입니다'라는 표지판을 달고 있습니다. 이것을 '면역 체크포인트'라고 합니다. 면역세포가 순찰하다가 이 표지판을 보면 '오케이, 넌 정상이구나' 하고 지나갑니다.

암세포는 이 시스템을 악용합니다! 암세포는 표면에 'PD-L1'이라는 단백질을 잔뜩 만들어 냅니다. 이것은 면역세포에게 '나를 공격하지 마!'라는 신호입니다. 면역세포가 와서 공격하려다가 이 신호를 보면 '어? 공격하면 안 되는구나!' 하고 물러납니다. 마치 적군이 아군 군복을 입고 있는 것과 같습니다!

두 번째 전략은 면역억제 물질을 분비하는 것입니다. 암세포는 주변에 면역을 억제하는 물질들을 뿌립니다. TGF-β (변환성장인자-베타), IL-10 (인터루킨-10), VEGF (혈관내피성장인자) 같은 것들입니다. 이런 물질들은 면역세포를 약하게 만들거나 잠들게 만듭니다. 마치 적군이 아군에게 수면제를 뿌리는 것과 같습니다.

세 번째 전략은 조절 T세포를 불러들이는 것입니다. T세포

(T lymphocyte)는 백혈구(림프구)의 한 종류입니다. T세포는 감염된 세포나 암세포를 인식하고 제거하는 역할을 합니다.

T세포의 종류에는 면역반응을 조율하는 '보조 T세포(Helper T cell, CD4+', 직접 공격하는 '세포독성 T세포(Cytotoxic T cell, CD8+', 과도한 면역을 억제하는 '조절 T세포(Regulatory T cell, Treg)', 재감염을 대비하는 '기억 T세포(Memory T cell)'들이 있습니다.

그런데 암세포는 이것을 악용합니다! 암세포 주변에 조절 T세포를 잔뜩 불러들입니다. 그러면 조절 T세포가 다른 면역세포들에게 '여기서 공격하지 마!'라고 명령합니다. 마치 적군이 우리 편 지휘관을 인질로 잡고 "공격하면 이 사람 죽인다"고 협박하는 것과 같습니다.

그렇다면 면역항암제는? 바로 이 위장을 벗기는 것입니다! 면역 체크포인트 억제제는 암세포의 '나를 공격하지 마!' 신호를 무력화시킵니다. 그러면 면역세포가 다시 암세포를 공격할 수 있게 됩니다.

"아하! 그래서 면역항암제가 효과가 있는 거군요!"

맞습니다, 집사님. 하나님께서 우리 몸에 주신 면역 시스템을 다시 작동하게 만드는 것입니다.

(2) 모든 암세포는 DNA 손상에서 시작된다

작년 겨울, 한 집사님이 본부로 급히 전화하셨습니다.

"목사님, 건강검진 받았는데 폐에 작은 그림자가 보인데요. 의사 선생님이 조직검사 해보자고 하시는데... 암일까봐 무서워요."

집사님, 일단 진정하세요. 그림자가 다 암은 아닙니다. 하지만 검사는 받으셔야 해요.

"목사님, 암은 갑자기 생기는 건가요? 작년 검진 때는 아무것도 없었는데..."

이것이 많은 분들이 하시는 질문입니다.

암은 언제 어떻게 생기는가?

대답은 이렇습니다. 모든 암은 DNA 손상에서 시작됩니다. 그것도 단 한 개의 세포에서 시작됩니다.

DNA가 무엇인지는 다들 아시죠? 우리 몸의 설계도입니다. 세포가 어떻게 생기고, 어떻게 일하고, 언제 죽을지가 모두 DNA에 기록되어 있습니다.

한 집사님이 이렇게 비유하셨는데, 정말 좋은 비유였습니다.

"목사님, DNA는 성경책 같은 인생의 모든 지침서!"

맞습니다. DNA는 세포의 성경책입니다. 그런데 이 성경책에 오타가 생기면 어떻게 될까요? 의미가 완전히 달라질 수 있습니다. "사랑하라"가 "미워하라"로 바뀌면 한 글자 차이로 정반대가 됩니다. "용서하라"가 "복수하라"로 바뀌면 완전히 다른 의미가 되죠.

DNA도 마찬가지입니다. DNA에 오타, 즉 돌연변이가 생기면 세포가 잘못된 명령을 받게 됩니다. 그리고 그 세포가 바로 암세포가 될 수 있습니다.

① 우리 몸을 공격하는 외부의 적들

"목사님, 그럼 DNA는 왜 손상되는 거예요?"

이 질문에 답하기 위해 저는 본부에서 암 환자분들을 상담할 때 항상 이것을 여쭙니다. 어떤 생활을 하셨나요? 그러면 대부분 공통점이 있습니다.

한 집사님 이야기입니다. 이분은 30년간 하루 한 갑씩 담배를 피우셨습니다. 폐암 진단을 받고 오셔서 이렇게 말씀하셨습니다.

"목사님, 담배가 그렇게 나쁜지 몰랐어요. 스트레스 풀려고 피웠는데..."

저는 이렇게 말씀드렸습니다.

집사님, 담배 한 개비에는 70여 가지 발암 물질이 들어있습니다. 하루 한 갑이면 하루에 7,000번 암 유발 물질에 노출되는 겁니다.

"7,000번이요?"

네, 담배 연기가 폐로 들어가면 DNA를 직접 공격합니다. 마치 성경책에 먹물을 끼얹는 것과 같습니다.

WHO 통계에 따르면 폐암의 85-90%가 흡연 때문입니다. 흡연자는 비흡연자보다 폐암에 걸릴 확률이 15-30배 높습니다. 담배를 피우는 것은 매일 DNA를 손상시키는 것과 같습니다.

서울에 사시는 한 권사님이 이렇게 말씀하셨습니다.

"목사님, 저는 담배도 안 피우는데 왜 폐암에 걸렸을까요?"

권사님, 어디 사세요?

"서울 도심이요. 큰 도로 옆 아파트에요."

혹시 마스크 자주 쓰셨어요?

"아니요, 귀찮아서..."

미세먼지, 특히 초미세먼지(PM2.5)는 너무 작아서 폐 깊숙이 들어갑니다. 그리고 거기서 DNA를 손상시킵니다. 서울과 같은 대도시에서는 미세먼지가 나쁜 날 외출하면 담배 1~2개비를 피우는 것과 비슷한 영향을 받는다는 연구도 있습니다.

"그럼 이제 어떡해요? 서울에서 살면 안 되나요?"

아니에요. 미세먼지 나쁜 날은 마스크 쓰시고, 외출 후엔 손발 씻으시고, 집에서 공기청정기 쓰시면 됩니다. 그리고 항산화 식품을 많이 드세요.

골프를 즐기시던 한 장로님이 피부암 진단을 받으셨습니다.

"목사님, 저는 건강하려고 골프 친 건데... 햇빛 좋다고 생각했거든요."

장로님, 햇빛은 좋습니다. 비타민 D도 만들어주고요. 하지만 과하면 독이 됩니다.

자외선은 피부 세포의 DNA를 손상시킵니다. 특히 오전 10시부터 오후 3시 사이의 자외선이 가장 강합니다. 이 시간대에 자외선 차단 없이 야외 활동을 하면 DNA가 계속 공격받습니다.

"그럼 이제 골프 못 치나요?"

치세요! 하지만 자외선 차단제 바르시고, 모자 쓰시고, 가능하면 아침 일찍이나 저녁 늦게 치세요.

"목사님, 저는 삼겹살을 숯불에 구워 먹는 게 최고의 행복이었어요."

대장암 진단을 받으신 한 집사님 말씀입니다. 이분은 일주일에 3~4번은 고기를 드셨다고 합니다.

집사님, 고기가 나쁜 게 아닙니다. 문제는 가공육과 조리 방법입니다.

WHO가 햄, 소시지, 베이컨 같은 가공육을 1급 발암 물질로 분류했습니다. 담배, 석면과 같은 등급입니다. 가공육에 들어있는 보존제(질산염, 아질산염)가 우리 몸에서 발암 물질로 변하기 때문입니다. 게다가 고기를 숯불에 구우면 '다환방향족탄화수소(PAH)'라는 발암 물질이 생깁니다. 특히 검게 탄 부분에 많습니다. 이런 물질들이 장 세포의 DNA를 반복적으로 손상시키면 결국 대장암으로 이어질 수 있습니다.

"그럼 고기를 아예 먹으면 안 되나요?"

아니에요. 일주일에 1~2번, 삶거나 찌는 방식으로 드세요. 그리고 탄 부분은 떼어내시고요. 무엇보다 채소를 많이 같이 드세요.

한 권사님이 간암 진단을 받으셨습니다. 상담을 하다 보니 이분은 30년 전부터 B형 간염 보균자셨습니다.

"목사님, 간염이 있는 줄은 알았는데 관리를 안 했어요. 별로 아프지도 않았고..."

권사님, B형 간염 바이러스는 간세포 DNA 속으로 들어갑니다. 그리고 거기서 계속 DNA를 손상시킵니다. 20~30년 지나면 간암이 될 수 있어요.

실제로 간암의 70~80%가 B형 또는 C형 간염 바이러스 때문입니다.

자궁경부암의 99%는 인유두종바이러스(HPV) 때문입니다. 위암의 상당수는 헬리코박터 파일로리균 때문입니다. 바이러스나 세균이 DNA를 손상시키는 방법은 두 가지입니다. 첫째, 직접 DNA 속으로 들어가 손상시킵니다. 둘째, 만성 염증을 일으켜 간접적으로 DNA를 손상시킵니다.

"그럼 어떻게 해야 해요?"

간염이 있으면 꼭 치료받으세요. 헬리코박터균도 제균 치료 받으시고요. HPV는 백신이 있으니 젊을 때 맞으세요. 예방이 최선입니다.

② 우리 몸 안에서 일어나는 내부의 배반

외부 요인만 조심하면 될까요? 안타깝게도 아닙니다. 우리 몸 안에서도 DNA 손상이 일어납니다.

"목사님, 활성산소가 뭐예요? 산소가 나쁜 건가요?"

한 집사님이 물으셨습니다.

산소는 좋습니다. 우리가 숨 쉬어야 사니까요. 하지만 산소의 일부가 '활성산소'로 변합니다. 이게 문제예요.

비유하자면 이렇습니다. 자동차가 달릴 때 에너지를 만들지만 동시에 배기가스도 나오죠? 활성산소는 우리 몸의 배기가스입니다. 우리 몸이 에너지를 만들 때 자연스럽게 생성됩니다.

활성산소는 매우 불안정한 분자입니다. 다른 분자에서 전자를 빼앗으려고 합니다. 마치 외로운 사람이 짝을 찾듯이. 그런데 DNA에서 전자를 빼앗으면? DNA가 손상됩니다.

"그럼 어떻게 해요? 숨을 안 쉴 수도 없고..."

활성산소를 없애주는 물질이 있습니다. 바로 항산화제입니다. 항산화제는 활성산소에게 전자를 주어 안정시킵니다. 활성산소가 DNA를 공격하기 전에 먼저 자신을 희생하는 것입니다. 마치 예수님이 우리의 죄를 대신 지신 것처럼 말입니다.

"항산화제는 어디 있어요?"

채소와 과일에 많습니다. 특히 색깔 진한 것들. 브로콜리, 토마토, 블루베리, 당근, 시금치... 이런 거 매일 드세요.

우리 몸에서는 매일 수천억 개의 세포가 분열합니다. 세포가 분열할 때 DNA를 복사하는데, 이 과정에서 실수가 생길 수 있습니다. 한 권사님이 이렇게 비유하셨습니다.

"목사님, 그럼 성경책 1,000권을 손으로 베껴 쓴다고 생각하면 되나요? 아무리 조심해도 오타가 날 수 있겠네요?"

정확합니다! 좋은 비유네요.

우리 DNA는 30억 개의 글자로 이루어져 있습니다. 이것을 책으로 만들면 백과사전 1,000권 분량입니다. 이걸 매번 복사할 때 실수가 전혀 없을 수는 없습니다.

다행히 우리 몸에는 훌륭한 '교정 시스템'이 있습니다. DNA를 복사한 후 검토하고 틀린 부분을 고칩니다. 99.9% 이상 정확하게 수정합니다. 하나님의 놀라운 설계입니다! 하지만 가끔 놓치는 것이 있습니다. 특히 세포 분열이 많이 일어날

수록, 즉 나이가 들수록 실수가 쌓입니다.

"목사님, 나이 먹으면 왜 암이 잘 생겨요?"

한 장로님이 물으셨습니다. 이분은 70세에 전립선암 진단을 받으셨습니다.

장로님, 세 가지 이유가 있습니다.

첫째, DNA 수리 능력이 떨어집니다. 젊을 때는 손상된 DNA를 빨리빨리 고쳤는데, 나이 들면 수리 속도가 느려집니다.

둘째, 면역력이 저하됩니다. NK세포를 비롯한 면역세포들이 나이 들면서 약해집니다. 그러면 암세포를 제거하는 능력도 떨어집니다.

셋째, 평생 축적된 손상이 있습니다. 젊을 때부터 쌓인 DNA 손상들이 나이 들어서 결국 암으로 나타나는 것입니다.

통계를 보면 암 환자의 70% 이상이 60세 이상입니다. 나이가 들수록 암 발생률이 급격히 증가합니다.

"그럼 나이 들면 어쩔 수 없나요?"

아닙니다! 나이는 피할 수 없지만 관리는 할 수 있습니다. 정기 검진받으시고, 건강한 생활 습관 유지하시고, 무엇보다 면역력 관리하세요.

③ 한 번의 손상으로는 암이 되지 않는다

여기까지 들으시면 많은 분들이 불안해하십니다.

"목사님, 그럼 저도 DNA가 손상됐을 것 같은데... 암에 걸리는 거 아닌가요?"

중요한 사실을 말씀드리겠습니다. DNA가 한 번 손상됐다고 해서 바로 암이 되지 않습니다! 하나님께서는 우리 몸에 놀라운 방어 시스템을 만들어 두셨습니다. 세 겹의 방어선이 있습니다.

첫 번째 방어선은 DNA 수리 시스템입니다. 우리 몸에는 DNA 수리 전문 팀이 있습니다. 손상된 DNA를 발견하면 즉시 수리합니다. 작동 과정은 이렇습니다. 손상 부위를 인식하고, 그 부위를 잘라내고, 올바른 DNA로 다시 채우고, 완벽하게 복구합니다.

얼마나 정확한지 아십니까? 하루에 발생하는 DNA 손상이 약 10만 건입니다. 그런데 성공적으로 수리되는 비율이 99.9%입니다! 놀랍지 않습니까? 한 집사님이 이렇게 말씀하셨습니다.

"목사님, 이게 진화로 된 건가요? 이렇게 정교한 시스템이 우연히 만들어질 수 있나요?"

불가능합니다. 이것은 하나님의 설계입니다.

두 번째 방어선은 세포 자살 시스템입니다. 만약 DNA 손상이 너무 심해서 수리가 안 되면 어떻게 될까요? 세포는 스스로 죽음을 선택합니다. 세포가 분열하기 전에 검문소가 있습니다. 마치 공항 보안검색대처럼 검문을 합니다.

"DNA에 손상이 있습니까?"

네, 있습니다.

"수리 가능합니까?"

아니요, 심각합니다.

'그럼 분열 금지! 세포자살 명령!'

이렇게 손상된 세포가 증식하는 것을 원천 차단합니다. 이것을 '세포자살(Apoptosis)'이라고 합니다.

한 권사님이 물으셨습니다.

"그럼 매일 세포들이 자살한다는 건가요?"

네, 매일 500억~700억 개의 세포가 자살합니다. 하지만 슬픈 자살이 아닙니다. 전체를 위한 희생입니다.

"마치 예수님의 십자가에서 희생처럼..."

맞습니다. 좋은 통찰이십니다.

세 번째 방어선은 면역 감시 시스템입니다. 이것이 가장 중요합니다! 만약 DNA 손상된 세포가 수리도 안 되고, 자살도 안 하고 살아남으면? 면역세포가 나섭니다. 특히 NK세포가 중요한 역할을 합니다.

"목사님, NK세포가 뭐예요?"

자연살해세포(Natural Killer Cell)입니다. 우리 몸의 특수부대죠.

NK세포는 24시간 쉬지 않고 우리 몸을 순찰합니다. 비정상세포를 발견하면 즉시 공격합니다. 명령도 필요 없고, 훈련도 필요 없습니다. 태어날 때부터 자연스럽게(Natural) 암세포를 죽이는(Killer) 능력을 가지고 있습니다.

얼마나 빠른지 아십니까? 암세포를 발견하면 단 5분 안에 파괴합니다!

"와, 그럼 NK세포만 강하면 암 안 걸리겠네요?"

정확합니다! 그래서 다음 부에서는 NK세포에 대해 자세히 배울 겁니다.

④ 매일 생성되는 1,000~10,000개의 암세포

"목사님, 아까 말씀하신 게 진짜예요? 매일 암세포가 1,000~10,000개씩 생긴다고요?"

네, 사실입니다. 우리 몸에서는 매일 1,000~10,000개의 비정상세포가 생깁니다. 이 숫자를 듣고 놀라실 수 있습니다. 하지만 두려워할 필요 없습니다.

왜 이렇게 많이 생길까요? 우리 몸에서는 매일 수천억 개의 세포가 분열합니다. DNA 복제는 매우 정확하지만 완벽하지는 않습니다. 약 100억~1,000억 번에 한 번 정도 실수가 생깁니다. 또한 우리는 끊임없이 발암 물질과 방사선에 노출됩니다. 음식물 속의 발암 물질, 대기 중의 미세먼지, 태양의 자외선, 전자기기의 전자파, 몸 안에서 생성되는 활성산소... 이런 요인들이 매일 DNA를 손상시키고, 그 결과 매일 수천 개의 비정상세포가 생깁니다.

"그런데 왜 모든 사람이 암에 걸리지 않을까요?"

바로 면역 시스템이 작동하기 때문입니다. 건강한 사람의 NK세포는 하루 24시간 쉬지 않고 순찰하며 이 비정상세포들을 찾아내 제거합니다. 마치 경찰이 범죄자를 잡듯, NK세포는 암세포를 단 5분 안에 파괴합니다.

통계적 사실을 말씀드리면, 우리 몸에는 약 20억~60억 개의 NK세포가 있습니다. 한 개의 NK세포는 하루에 여러 개의 암세포를 파괴할 수 있습니다. 건강한 면역 시스템은 매일 생성되는 암세포를 모두 제거할 능력이 충분합니다.

문제는 이 면역 시스템이 약해질 때입니다. 단 하나의 암세포라도 면역 감시망을 뚫고 살아남으면, 그것이 분열하고 증식하여 결국 암이 됩니다.

한 집사님이 희망찬 목소리로 말씀하셨습니다.

"목사님, 그럼 결국 면역력이 핵심이네요!"

맞습니다. 하나님께서 우리 몸에 이미 암을 이길 능력을 주셨습니다. 우리가 할 일은 그 능력을 깨우는 것입니다.

(한 자매의 간증)

마지막으로 한 자매의 이야기를 나누겠습니다.

이 자매는 위암 3기 진단을 받았습니다. 의사는 5년 생존율이 40%라고 했습니다. 그런데 이 자매는 이렇게 기도했습니다.

"하나님, 제 몸에 매일 1,000개 이상의 암세포가 생기지만, 하나님께서는 NK세포를 주셔서 그것을 제거하신다는 것을 배웠습니다. 감사합니다. 지금 제 몸에 있는 암세포들도, 하나님께서 주신 NK세포가 제거해 주실 줄 믿습니다. 제가 할 일은 NK세포가 잘 일할 수 있는 환경을 만드는 것입니다. 충분히 자고, 감사하고, 기쁘게 살겠습니다. 주님, 감사합니다!"

그 자매는 수술과 항암 치료를 받으면서도 매일 감사 기도를 했고, 충분히 잤으며, 항암 식단을 먹었고, 본부에 와서 안수기도를 받았고, 7-7-7 호흡법을 실천했습니다.

3년이 지난 지금, 그 자매는 완전히 건강합니다. 재발도 없습니다. 지금은 다른 암 환자들을 돕는 사역을 하고 있습니다.

"목사님, 암은 저를 무너뜨리려고 왔지만, 하나님은 그것을 통해 저를 세우셨어요. 이제 저는 제 몸에 대해, 하나님에 대해, 생명에 대해 더 많이 압니다. 정말 감사해요!" 할렐루야!

제2장

암세포는
어떻게 성장하는가?

1. 암 발생의 세 단계

(1) 한 장로님의 질문

"목사님, 궁금한 게 있습니다."

작년 봄, 전립선암 진단을 받으신 박 장로님이 상담실로 오셨습니다.

"제 친구도 저랑 같은 시기에 같은 전립선암 진단을 받았어요. 둘 다 2기였고요. 그런데 1년 후에 보니까, 제 친구는 암이 엄청 커져서 뼈까지 전이됐다는데, 저는 거의 그대로더라고요. 왜 이런 차이가 날까요?"

아주 좋은 질문입니다.

장로님, 두 분의 생활이 어떻게 달랐나요?

"글쎄요... 친구는 진단 받고 나서 엄청 스트레스 받더라고요. 잠도 못 자고, 술도 더 마시고... 저한테 '장로님은 어떻게 그렇게 태평해?'라고 하더라고요. 저는 뭐, 하나님께 맡기고 감사하며 살았죠."

바로 그겁니다, 장로님.

암세포가 생기는 것과 암세포가 자라는 것은 다릅니다. 씨앗이 땅에 떨어지는 것과 그 씨앗이 자라는 것이 다르듯이, 암세포도 어떤 환경을 만나느냐에 따라 운명이 달라집니다.

오늘은 바로 그 이야기를 하겠습니다.

씨앗이 자라는 과정

"목사님, 암이 생기는 데 시간이 얼마나 걸려요?"

김 집사님이 물으셨습니다. 최근 유방암 진단을 받으셨는데, 1년 전 검진에서는 아무 이상이 없었다고 하셨습니다.

집사님, 1년 전에는 정말 없었을 수도 있어요. 하지만 암의 씨앗은 훨씬 더 오래전에 뿌려졌을 겁니다.

"씨앗이요?"

네. 암은 세 단계를 거쳐서 자랍니다. 마치 씨앗이 싹트고, 자라고, 열매 맺는 것처럼요.

제가 본부에서 성도들에게 자주 쓰는 비유입니다.

① 1단계: 개시(Initiation) – 씨앗이 땅에 떨어지다

첫 번째 단계는 '개시'라고 합니다. 씨앗이 땅에 떨어지는 순간이죠.

"씨앗이 뭐예요?"

DNA 손상입니다. 정상세포의 DNA가 손상되는 그 순간,

암의 씨앗이 뿌려지는 겁니다.

이것은 정말 순간적으로 일어납니다. 1초도 안 걸립니다. 담배 한 모금, 자외선에 잠깐 노출, 스트레스로 생긴 활성산소... 이런 것들이 DNA를 공격하는 순간, 팍! 하고 손상이 생깁니다.

"목사님, 그럼 DNA가 한 번 손상되면 바로 암이 되는 건가요?"

아닙니다! 그게 중요한 포인트예요. 씨앗이 땅에 떨어졌다고 다 싹이 트는 건 아니잖아요?

민들레 씨앗을 생각해 보세요. 바람에 날려서 수백 개가 떨어집니다. 그런데 싹이 트는 건 몇 개 안 됩니다. 왜요? 어떤 건 아스팔트에 떨어져서 못 자랍니다. 어떤 건 물이 없어서 못 자랍니다. 어떤 건 누군가 밟아버려서 못 자랍니다.

암세포도 똑같습니다. DNA가 손상돼도 수리 시스템이 고쳐버리고(99.9%), 세포자살 시스템이 작동하고, 면역세포가 제거합니다. 그래서 개시 단계만으로는 암이 안 됩니다.

"그럼 언제 암이 되는 거예요?"

다음 단계로 넘어가야 합니다. 바로 촉진 단계입니다.

② 2단계: 촉진(Promotion) - 씨앗에 물을 주다

"촉진 단계는 뭐예요?"

씨앗에 물과 햇빛을 주는 거예요. 손상된 DNA를 가진 세포를 계속 자극해서 분열하게 만드는 겁니다. 작년에 만난 한 권사님 이야기를 해드릴까요? 이분은 위암에 걸리셨는데, 상담하다 보니 이런 이야기를 하셨습니다.

“목사님, 저 남편하고 30년을 싸우며 살았어요. 매일 스트레스받고, 화내고, 원망하고... 밥도 대충 먹고, 술도 좀 마셨어요. 그러다 위염이 생겼는데 그냥 뒀어요. 약국에서 소화제만 사먹고...”

권사님, 그게 다 촉진 인자예요.

만성 스트레스, 염증, 술, 만성 위염... 이런 것들이 계속해서 위 세포를 자극한 겁니다. 손상된 세포에 물을 준 거죠.

“목사님, 염증이 암을 만들어요?”

네, 특히 만성 염증이 위험합니다.

염증 자체는 나쁜 게 아닙니다. 상처가 났을 때 염증이 생기는 건 치유 과정이니까요. 문제는 염증이 계속될 때입니다. 위염이 계속되면 위암 위험이 높아지고, 간염이 계속되면 간암 위험이, 대장염이 계속되면 대장암 위험이 높아집니다.

왜 그럴까요? 염증이 있으면 우리 몸이 그 부위를 계속 수리하려고 합니다. 세포를 새로 만들고, 분열시키고... 이 과정이 계속되면 실수가 생깁니다. DNA 복사 과정에서 오류가 나는 거죠. 게다가 염증 부위에는 활성산소가 많습니다. 이것이 DNA를 공격합니다.

“그럼 염증을 빨리 치료해야겠네요!”

맞습니다! 위염, 역류성 식도염, 만성 기관지염... 이런 거 그냥 두지 마세요.

한 집사님이 유방암 수술을 받으셨는데, 의사가 이렇게 말했다고 합니다.

‘호르몬 수용체 양성입니다. 호르몬 치료를 해야 합니다.’

"목사님, 호르몬 수용체 양성이 뭐예요?"

암세포가 여성 호르몬(에스트로겐)에 반응한다는 뜻입니다. 에스트로겐이 암세포 성장을 촉진시킨다는 거죠.

실제로 에스트로겐 수치가 높으면 유방암, 자궁내막암 위험이 높아집니다. 왜 그럴까요? 에스트로겐은 유방 세포, 자궁 세포를 자극해서 분열하게 만듭니다. 원래는 정상적인 기능입니다. 사춘기 때 가슴이 발달하는 것도 에스트로겐 때문이니까요.

그런데 만약 DNA가 손상된 세포가 있다면? 에스트로겐이 그 세포도 자극합니다. "너도 자라라!" 그러면 암세포가 분열하기 시작합니다.

"그럼 저는 어떻게 해야 해요?"

호르몬 치료를 받으시면 됩니다. 에스트로겐이 암세포에 작용하지 못하게 막는 거죠. 그리고 체중 관리도 중요합니다. 지방 세포가 에스트로겐을 만들거든요. 비만하면 에스트로겐이 높아집니다.

"목사님, 제가 삼겹살을 너무 좋아해요. 주 3회는 먹었어요. 그것도 숯불에 구워서..."

대장암에 걸리신 한 집사님 말씀입니다.

집사님, 가공육과 적색육을 너무 많이 드셨네요.

WHO가 가공육을 1급 발암 물질로 분류했습니다. 햄, 소시지, 베이컨... 이런 것들이죠. 왜 위험할까요? 이런 고기들에는 질산염, 아질산염 같은 보존제가 들어있습니다. 이것이 우리 몸에서 '니트로소아민'이라는 발암 물질로 변합니다.

게다가 숯불에 구우면 '다환방향족탄화수소(PAH)'라는 발암 물질이 생깁니다. 특히 검게 탄 부분에 많습니다. 이런 물질들이 대장 세포를 계속 자극합니다.

"그럼 이제 고기를 아예 먹으면 안 되나요?"

아니에요! 적당히 드시면 됩니다. 일주일에 1~2번, 삶거나 찌는 방식으로 드세요. 그리고 채소를 많이 같이 드시고요.

"목사님, 저는 회사 일이 너무 바빠서 매일 야근했어요. 잠도 4~5시간밖에 못 잤고요."

간암에 걸리신 한 장로님 이야기입니다.

장로님, 수면 부족이 면역력을 떨어뜨렸을 겁니다.

단 하룻밤만 잠을 설쳐도 NK세포 활성도가 70%나 떨어집니다! NK세포는 매일 생기는 암세포를 제거합니다. 그런데 잠을 못 자면 NK세포가 약해집니다. 그러면 암세포가 살아남습니다.

"그럼 이제라도 잠을 많이 자면 되나요?"

네! 지금부터라도 7~8시간 주무세요. 특히 밤 11시 전에 주무시는 게 중요합니다.

이것이 촉진 단계입니다. 손상된 세포를 계속 자극하고, 면역세포가 약해지게 만드는 겁니다. 그러면 암세포가 살아남아서 증식하기 시작합니다.

"목사님, 그럼 촉진 단계는 얼마나 걸려요?"

보통 수년에서 수십 년입니다.

"그렇게 오래요?"

네, 그래서 희망이 있는 겁니다!

이 말에 여러 성도들이 고개를 갸웃했습니다.

"희망이요? 오래 걸리는데 왜요?"

촉진 단계는 되돌릴 수 있습니다.

촉진 단계는 되돌릴 수 있다!

이것이 정말 중요합니다. 개시 단계(DNA 손상)는 되돌릴 수 없습니다. 한 번 손상된 DNA는 그대로입니다. 하지만 촉진 단계는 다릅니다! 촉진 인자를 제거하면 진행이 멈춥니다. 심지어 역전되기도 합니다!

실제 사례를 들려드리겠습니다. 한 집사님이 대장 내시경을 받았는데 용종이 발견됐습니다. 조직검사 결과 '선종성 용종'이었습니다.

"목사님, 의사 선생님이 이거 그냥 두면 암 될 수 있다고 하셨어요."

맞습니다. 대장암의 대부분은 용종에서 시작합니다.

용종은 암이 아닙니다. 하지만 '전암 단계'입니다.

"그런데 의사 선생님이 용종을 제거하고, 생활 습관을 바꾸면 암 예방할 수 있다고 하셨어요!"

바로 이겁니다! 용종 단계에서 발견하면 용종을 제거하고(5분이면 끝), 가공육·적색육을 줄이고, 채소·과일을 늘리고, 운동을 시작하면... 대장암으로 진행되지 않습니다! 촉진 단계를 역전시킨 겁니다.

또 다른 예를 들어볼까요? 자궁경부암의 경우, HPV 바이러스 감염(개시) → 세포 이형성증 발생(촉진 초기) → 경도 이형성증 → 중등도 → 고도(촉진 진행) → 상피내암(전암 단계) → 침윤암(진행) 이런 과정이 보통 10~15년 걸립니다.

그런데 중간에 발견해서 치료하면? 고도 이형성증까지는 간단한 시술로 제거 가능합니다!

"목사님, 그럼 정기 검진이 정말 중요하네요!"

맞습니다! 특히 40세 이상은 매년 검진 받으세요.

③ 3단계: 진행(Progression) – 열매가 맺히다

세 번째 단계는 '진행' 단계입니다. 암이 본격적으로 자라고 퍼지는 단계죠.

이 단계에서는 암세포가 빠르게 증식하고, 주변 조직을 침범하고, 혈관을 만들고, 다른 장기로 전이합니다.

"목사님, 진행 단계도 멈출 수 있나요?"

이 단계는... 어렵습니다. 하지만 불가능하지 않습니다.

작년에 만난 한 권사님. 유방암 3기였습니다. 림프절까지 전이됐습니다. 의사는 수술, 항암, 방사선 치료를 권했습니다.

"목사님, 항암 치료가 너무 무서워요. 머리카락도 다 빠진다잖아요."

권사님, 치료받으세요. 지금은 진행 단계입니다. 적극적으로 치료해야 합니다.

"하지만..."

하나님께서 의사의 손도 쓰십니다. 치료받으시면서 동시에 우리가 할 수 있는 것을 하는 겁니다.

"뭘 해야 하는데요?"

첫째, 감사 기도.
둘째, 충분한 수면.
셋째, 영양 관리.
넷째, 스트레스 관리.
다섯째, 본부에서 안수기도를 합니다.

그 권사님은 치료를 받으셨습니다. 그런데 놀라운 일이 일어났습니다. 항암 부작용이 거의 없었습니다. 머리카락도 조금만 빠졌습니다. 다른 환자들은 침대에 누워있을 때 이분은 병원 복도를 걸어다녔습니다.

의료진이 놀랐습니다. "환자분, 뭔가 특별히 하시는 게 있으세요?"

"네, 매일 감사 기도하고, 호흡법을 하고, 본부에서 안수기도를 받아요."

2년이 지난 지금, 그 권사님은 완전히 건강합니다. 진행 단계도 하나님의 은혜와 우리의 노력으로 이겨낼 수 있습니다!

2. 암세포가 좋아하는 환경

"목사님, 같은 암인데 왜 어떤 사람은 빨리 자라고 어떤 사람은 천천히 자라요?"

좋은 질문입니다. 환경이 다르기 때문입니다. 버섯을 생각해 보세요. 버섯은 어떤 환경을 좋아할까요? 습하고, 어둡고,

따뜻한 곳이죠. 암세포도 좋아하는 환경이 있습니다.

(1) 산소가 부족한 환경

"목사님, 암세포가 산소 부족한 걸 좋아해요?"

네, 놀랍죠? 우리는 산소가 많아야 건강한데, 암세포는 반대예요.

정상세포는 산소를 사용해서 에너지를 만듭니다. 효율적이죠. 그런데 암세포는 산소가 있어도 당을 분해해서 에너지를 만듭니다. 비효율적이에요.

"왜 그렇게 해요?"

빠르게 증식하기 위해서입니다. 당분해는 비효율적이지만 빠릅니다.

한 집사님이 이렇게 물으셨습니다.

"그럼 제가 운동을 많이 해서 산소를 많이 공급하면 암세포가 약해지나요?"

정확합니다! 그래서 암 환자분들에게 운동을 권하는 겁니다. 운동하면 혈액 순환이 좋아지고, 산소 공급이 늘어나고, 암세포가 살기 어려운 환경이 됩니다.

"어떤 운동이 좋아요?"

걷기가 제일 좋습니다. 빠르게 걷기. 땀이 살짝 날 정도로. 하루 30분, 주 5회만 하세요.

그리고 덧붙였습니다. 호흡도 중요합니다. 깊게 호흡하세요. 7-7-7 호흡법 기억하시죠? 7초 코로 들이쉬고, 7초 멈추고, 7초 입으로 내쉬기. 이렇게 하면 폐 구석구석까지 산소가 갑니다.

(2) 염증이 있는 환경

"목사님, 아까도 염증 이야기 나왔잖아요. 또 나오네요?"

네, 염증은 정말 중요합니다. 암세포의 비료라고 생각하세요.

염증이 있으면 성장인자가 분비되고(암세포 성장 촉진), 활성산소가 생기고(DNA 손상), 새 혈관이 생깁니다(암에 영양 공급).

"그럼 염증을 어떻게 줄여요?"

음식이 중요합니다.

제가 본부에서 권하는 항염증 식단이 있습니다. 줄여야 할 것들은 가공식품, 튀긴 음식, 설탕, 밀가루, 적색육입니다.

"목사님, 그럼 뭘 먹어요? 먹을 게 없네요!"

성도들이 웃으며 말합니다.

아니에요! 맛있는 거 많습니다."

먹어야 할 것들은 생선(오메가-3 지방산), 녹색 채소(브로콜리, 시금치), 버섯(표고, 느타리), 발효식품(김치, 된장, 청국장), 견과류, 녹차, 강황(카레에 들어가는 노란색 향신료)입니다.

"목사님, 이거 맛있어요?"

제가 직접 먹어봤습니다. 맛있어요! 처음엔 익숙하지 않을 수 있지만, 2주만 먹으면 입맛이 바뀝니다.

(3) 면역력이 낮은 환경

암세포가 제일 좋아하는 환경이 뭔지 아세요?

"뭐예요?"

면역세포가 약한 환경입니다.

암세포 입장에서 생각해 보세요. 경찰(면역세포)이 강하면 무섭죠. 언제 잡힐지 모릅니다. 경찰이 약하면? 신나죠. 마음껏 증식할 수 있습니다.

"그럼 면역력을 어떻게 높여요?"

여러 가지가 있는데, 가장 중요한 세 가지를 말씀드릴게요.

첫째는 수면입니다.

"목사님, 또 잠 이야기예요?"

네! 이게 정말 중요합니다.

수면 중에 NK세포가 재충전됩니다. 한 연구 결과가 있습니다. 8시간 잔 사람은 NK세포 활성도가 100%, 4시간 잔 사람은 NK세포 활성도가 30%입니다. 70%나 차이가 납니다!

"목사님, 저는 밤에 잠이 안 와요. 암 생각하면 불안해서..."

그래서 감사 기도가 중요합니다. 잠자기 전에 오늘 감사한 일 5가지를 생각하세요. 그리고 7-7-7 호흡을 하면서 주무세요.대부분 호흡 끝나기 전에 잠듭니다.

둘째는 스트레스 관리입니다.

스트레스 받으면 코르티솔이라는 호르몬이 나옵니다. 이게 면역세포를 억제해요.

한 권사님이 말씀하셨습니다.

"목사님, 저는 암 진단 받고 나서 오히려 스트레스가 줄었어요."

어떻게요?

"그동안 제가 쓸데없는 걱정을 너무 많이 했더라고요. 돈, 명예, 체면... 이런 거요. 근데 암 걸리고 나니까 '이런 거 중요한 게 아니구나' 깨달았어요. 이제는 매일 감사하며 살아요. 오히려 마음이 편해졌어요."

할렐루야! 이것이 바로 하나님께서 역사하시는 방법입니다.

셋째는 체온입니다.

"목사님, 체온이 면역력하고 무슨 상관이에요?"

체온이 1도 떨어지면 면역력이 30% 떨어집니다."

"헉! 그럼 저 평소에 체온이 35.5도인데..."

그럼 지금부터 체온을 올려야 합니다. 목표는 36.5~37도입니다.

"어떻게 올려요?"

간단합니다. 운동, 족욕, 따뜻한 음식입니다.

한 집사님이 매일 저녁 족욕을 하기 시작했습니다. 15분씩. 한 달 후 체온이 36도로 올랐습니다.

"목사님, 신기해요! 감기도 덜 걸리고, 몸이 가벼워요!"

(4) 스트레스 호르몬이 많은 환경

마지막으로, 스트레스 호르몬 이야기를 더 해볼까요?

한 장로님이 이렇게 물으셨습니다.

"목사님, 스트레스가 정말 암을 키워요?"

네, 연구 결과가 있습니다.

한 연구에서 유방암 환자들을 두 그룹으로 나눴습니다. A

그룹은 스트레스 관리 프로그램에 참여하고, B그룹은 일반 치료만 받았습니다. 5년 후, A그룹의 재발률은 30%, B그룹의 재발률은 50%였습니다.

스트레스 관리만 했는데 재발률이 20%나 줄어들었습니다!

"그럼 스트레스를 어떻게 관리해요? 암 환자한테 스트레스 받지 말라는 게 말이 돼요?"

이것이 많은 분들이 하시는 질문입니다.

스트레스를 없앨 수는 없습니다. 하지만 대응 방법을 바꿀 수 있습니다.

두 사람이 똑같은 상황을 만났습니다. 교통 체증. 한 사람은 '아! 짜증나! 왜 이렇게 막혀!' 이런 스트레스는 호르몬이 상승하였습니다. 다른 사람은 '오늘은 좀 막히네. 그래, 이 시간에 기도나 하자.' 이 사람은 스트레스 호르몬이내렸습니다. 상황은 같은데 반응이 다릅니다.

감사 훈련을 하세요. 어떤 상황에서도 감사할 것을 찾는 훈련입니다.

암 진단을 받았을 때도 '왜 나한테 이런 일이!' 대신 '이 병을 통해 하나님을 더 깊이 만나게 하소서.'라고 기도하고, 항암 치료가 힘들 때도 '너무 힘들어 죽겠어!' 대신 '이 고통도 지나갈 것을 믿습니다. 감사합니다.'라고 고백합니다.

"목사님, 그게 쉬워요?"

안 쉽죠. 그래서 훈련이 필요한 겁니다.

본부에서 진행하는 감사 훈련 프로그램이 있습니다. 21일 동안 매일 아침에 감사한 일 5가지 쓰고, 낮에 어려운 상황에서 감사 찾고, 저녁에 오늘 하루 감사 기도를 합니다.

21일 하면 습관이 됩니다. 습관이 되면 삶이 바뀝니다. 삶이 바뀌면 체질이 바뀝니다. 체질이 바뀌면 면역력이 올라갑니다!

(한 집사님의 변화 간증)

여기서 한 분의 이야기를 나누고 싶습니다. 실제로 본부에서 만난 이 집사님의 경험이 여러분께 큰 도움이 될 것입니다.

최 집사님(가명)은 2년 전 대장암 3기 진단을 받았습니다. 수술을 받고 항암 치료를 시작했는데, 항암 부작용이 너무 심했습니다. 구토, 탈모, 극심한 피로... 삶의 의욕을 잃어가고 있었습니다.

그때 교회 권사님의 소개로 한국교회부흥운동본부를 알게 되었고, 저를 찾아오셨습니다.

"목사님, 항암 치료가 너무 힘듭니다. 이러다 암보다 항암으로 먼저 죽을 것 같아요."

저는 집사님께 조심스럽게 물었습니다.

집사님, 하루를 어떻게 보내시나요?

"아침에 일어나면 일단 '오늘도 이 고통을 견뎌야 하나' 하는 생각이 먼저 듭니다. 병원 가고, 약 먹고, 누워있고... 그게 전부예요. 기도도 잘 안 됩니다. '왜 나한테 이런 일이...' 이런 생각만 들어요."

잠은 잘 주무세요?

"못 자요. 밤에 계속 깨고, 악몽도 많이 꾸고... 새벽 2시, 3시에 깨면 그냥 뒤척이다 아침을 맞이합니다."

음식은 잘 드시나요?

"입맛이 없어서 거의 못 먹어요. 먹으면 토할 것 같고..."

저는 집사님의 손을 잡고 기도했습니다. 그리고 천천히 말씀드렸습니다.

집사님, 지금 집사님 몸은 전쟁터입니다. 항암제가 암세포와 싸우고 있습니다. 그런데 우리 편 군사들, 즉 면역세포들이 너무 약해져 있어요. 왜 그럴까요?

집사님이 고개를 들어 저를 바라보셨습니다.

환경이 너무 나빠졌기 때문입니다. 잠을 못 자니 면역세포들이 회복할 시간이 없고, 영양을 못 섭취하니 싸울 힘이 없고, 스트레스와 불안으로 가득 차 있으니 면역력이 떨어질 수밖에 없습니다.

"그럼... 어떻게 해야 하나요?"

집사님, 이제부터 세 가지만 해보세요. 딱 세 가지입니다.

저는 종이에 적어드렸습니다. 이렇게 시작하세요.

첫째, 매일 아침 일어나자마자 감사 기도를 하세요. 눈을 뜨면 하나님, 오늘도 살게 하시니 감사합니다. 이 항암 치료도 저를 살리기 위한 것임을 믿습니다.

둘째, 하루 세 번, 7-7-7 호흡을 하세요. 7초 들이마시고, 7초 참고, 7초 내쉬세요. 그러면서 하나님의 생기가 내 몸에 들어온다고 선포하세요.

셋째, 밤 10시에는 무조건 누우세요. 잠이 안 와도 괜찮습니다. 눈을 감고 조용히 누워서 쉬는 것만으로도 몸은 회복됩니다.

"이것만요?"

네, 이것만 일단 해보세요. 일주일만.

집사님은 반신반의하며 돌아가셨습니다.

일주일 후, 집사님이 다시 오셨는데 얼굴이 조금 달라져 있었습니다.

"목사님, 신기해요. 감사 기도를 하니까 마음이 조금 편해지더라고요. 그리고 7-7-7 호흡을 하니까 답답했던 게 좀 풀리는 것 같아요."

잠은요?

"아직 자다 깨긴 하는데, 10시에 눕는 습관이 생기니까 그래도 조금은 더 자는 것 같아요."

좋습니다! 이제 한 가지를 더 추가해 봅시다.

저는 집사님께 간단한 식단표를 드렸습니다. 항암 중에도 먹을 수 있는 부드러운 음식들, 영양가 높은 음식들 위주였습니다.

매끼 조금씩이라도 드세요. 몸에 영양이 들어가야 면역세포들이 일할 수 있습니다.

그렇게 한 달이 지났습니다.

집사님이 오셨는데, 이번에는 눈에 띄게 달라져 있었습니다. 혈색도 좋아지고, 목소리도 힘이 있었습니다.

"목사님, 항암 부작용이 많이 줄었어요! 의사 선생님도 신기하다고 하셨어요. 보통 이 시기에는 더 힘들어지는데, 오히려 컨디션이 좋아진다고…"

할렐루야! 그런데 집사님, 이게 기적일까요, 아니면 원리일까요?

네. 하나님이 우리 몸에 넣어주신 치유의 원리입니다. 감사하니 스트레스 호르몬이 줄었고, 깊이 호흡하니 산소 공급이 늘었고, 잠을 자니 면역세포가 회복되었고, 음식을 먹으니 영양이 공급되었습니다. 이 모든 것이 암세포가 싫어하는 환경입니다!

집사님은 그 후로도 꾸준히 본부에 오셔서 안수기도를 받으셨고, 영성훈련도 받으셨습니다. 항암 치료를 끝까지 잘 견뎌내셨고, 6개월 전 완치 판정을 받으셨습니다.

지난주에 만났을 때 집사님이 이렇게 말씀하셨습니다.

"목사님, 암에 걸린 게 오히려 감사해요."

네?

"암에 걸리지 않았으면 제 몸이 얼마나 나쁜 환경이었는지 몰랐을 거예요. 제가 얼마나 감사할 줄 모르고 살았는지도 몰랐을 거고요. 이제는 매일 감사하며 살아요. 그리고 제 몸을 돌보는 법을 알게 됐어요. 암은 저를 깨우기 위해 온 신호였던 것 같아요."

이것이 바로 제가 말씀드리고 싶은 핵심입니다.

암세포는 나쁜 환경에서 자랍니다. 그런데 우리는 그 환경을 바꿀 수 있습니다. 하나님이 우리에게 그 능력을 주셨습니다.

바로 이렇게 하는 겁니다.

3. 암세포가 싫어하는 환경

"목사님, 구체적으로 어떻게 하면 되나요?"

본부에 오시는 분들이 가장 많이 하시는 질문입니다. 원리는 알겠는데 실천이 어렵다는 거죠. 그래서 제가 15년간 수천 명의 훈련생들과 함께하면서 정리한 가장 실천하기 쉬운 방법들을 나눠드리겠습니다.

(1) 염증을 줄이세요

"목사님, 염증이 뭐예요?"

한 집사님이 물으셨습니다.

쉽게 말하면 몸에 불이 난 겁니다. 계속 타고 있는 거죠.

우리 몸에서 염증은 본래 좋은 겁니다. 세균이 들어오면 염증 반응으로 물리칩니다. 그런데 문제는 만성 염증입니다. 계속 불이 꺼지지 않는 거예요.

상상해 보세요. 집에 불이 났는데 끄지 않고 계속 놔둔다면? 집이 다 타버리겠죠. 우리 몸도 마찬가지입니다. 만성 염증은 정상세포를 계속 손상시키고, 암세포가 자라기 좋은 환경을 만듭니다.

"어떻게 염증을 줄이나요?"

먼저, 염증을 일으키는 음식을 줄이세요.

저는 본부 훈련생들에게 이것을 '3가지 흰색 독'이라고 부릅니다.

흰 쌀밥 – 정제된 탄수화물

흰 설탕 – 가공 설탕

흰 밀가루 – 정제된 밀

“목사님, 그럼 밥을 어떻게 먹어요?”

현미나 잡곡밥으로 바꾸세요. 처음엔 힘들어도 2주만 먹으면 익숙해집니다.

그리고 염증을 일으키는 또 다른 음식들이 있습니다.

튀긴 음식 – 기름에 튀기면 산화됩니다

가공식품 – 첨가물이 염증을 일으킵니다

붉은 고기 – 과도하게 먹으면 염증이 증가합니다

“그럼 뭘 먹어야 하나요?”

염증을 줄이는 음식을 드세요!

한 권사님이 계셨는데, 이분은 유방암 수술 후 식단을 완전히 바꾸셨습니다.

아침 – 생강차 한 잔, 통곡물 죽, 김치

점심 – 현미밥, 생선구이, 채소 반찬

저녁 – 가볍게, 채소 위주

간식 – 견과류, 과일

“목사님, 신기해요. 식단을 바꾸고 나서 몸이 가벼워지고 피곤함이 줄었어요.”

3개월 후 이 권사님의 혈액 검사 결과를 보고 담당 의사도 놀랐다고 합니다. 염증 수치가 확 떨어져 있었거든요.

특히 이런 음식들이 염증을 줄이는 데 도움이 됩니다.

생강 - 강력한 항염증 성분

강황 - 커큐민이 염증 억제

오메가3 지방산 - 고등어, 연어, 들기름

녹색 채소 - 항산화 물질이 풍부

녹차 - 카테킨 성분이 염증 감소

"목사님, 이거 다 먹어야 해요?"

아닙니다. 이 중에서 집사님이 좋아하는 것 2-3가지만 꾸준히 드세요. 억지로 먹으면 스트레스가 되니까요.

(2) **몸에 산소를 공급하세요**

"목사님, 산소요? 숨만 쉬면 되는 거 아니에요?"

그렇게 생각하기 쉽습니다. 하지만 현대인들은 대부분 얕은 호흡을 합니다. 가슴으로만 호흡하고, 폐의 30퍼센트 정도만 사용합니다.

한 번 해보세요. 지금 숨을 깊이 들이마셔 보세요.

집사님이 숨을 들이마셨습니다.

어때요? 평소보다 더 많이 들어가죠?

"네, 신기해요."

"평소에는 이렇게 깊이 안 쉬었던 거예요."

암세포는 산소를 싫어합니다. 정확히는 산소가 부족한 환경을 좋아합니다. 왜냐하면 암세포는 산소 없이도 에너지를 만들 수 있거든요. 그런데 정상세포는 산소가 꼭 필요합니다.

1931년 노벨 생리의학상을 받은 오토 바르부르크 박사가 이것을 발견했습니다. 암세포는 산소 부족 상태에서 더 잘 자란다고요.

"그럼 어떻게 해야 하나요?"

7-7-7 호흡법을 하세요.

7초 동안 코로 천천히 들이마십니다 – 배가 부풀어 오르도록

7초 동안 숨을 멈춥니다 – 산소가 온몸에 퍼지도록

7초 동안 입으로 천천히 내쉽니다 – 독소가 나가도록

"하루에 몇 번 해야 하나요?"

최소 3번, 아침, 점심, 저녁 식전에 각각 5분씩만 하세요.

한 집사님은 이것을 화장실에 가실 때마다 하셨습니다.

"목사님, 화장실이 제 호흡 기도실이에요. 하하!"

그리고 운동이 중요합니다. 운동하면 심장이 빨리 뛰고, 호흡이 깊어지고, 온몸에 산소가 공급됩니다.

"목사님, 암 환자도 운동해도 되나요?"

물론입니다! 오히려 해야 합니다. 단, 무리하지 말고 적당히요.

한 장로님이 계셨습니다. 폐암 수술 후 의사가 운동하라고 했는데, 숨이 차서 못하겠다고 하셨습니다.

장로님, 천천히 걸으세요. 5분부터 시작하세요.

"5분이요?"

네, 5분 걷고 쉬세요. 다음 날은 7분, 그다음 날은 10분... 이렇게 늘려가세요.

3개월 후, 그 장로님은 하루 30분씩 걸으셨습니다. 그리고 이렇게 말씀하셨습니다.

"목사님, 걷다 보면 기분도 좋아지고, 잠도 잘 오고, 식욕도 생기더라고요."

운동은 산소를 공급할 뿐 아니라 면역력도 높입니다. 특히 NK세포를 활성화시킵니다.(이건 다음 장에서 자세히 다루겠습니다.)

(3) 체온을 올리세요

"목사님, 제 손발이 항상 차가워요."

많은 암 환자분들이 저체온증이 있습니다. 특히 손발이 차갑습니다.

집사님, 체온이 몇 도예요?

"35.5도 정도 나와요."

그럼 너무 낮습니다. 36.5도는 되어야 해요.

체온이 1도만 떨어져도 면역력은 30퍼센트나 떨어집니다. 반대로 체온이 1도 올라가면 면역력은 5-6배 증가합니다.

암세포는 저체온을 좋아합니다. 35도대의 차가운 몸에서 활발하게 증식합니다. 반대로 정상 체온인 36.5-37도에서는 활동이 둔해집니다.

"어떻게 체온을 올려요?"

여러 가지 방법이 있습니다.

첫째, 족욕을 하세요.

저녁에 따뜻한 물에 발을 담그세요. 15-20분 정도. 물 온도는 40-42도가 적당합니다. 발이 따뜻해지면 온몸이 따뜻해집니다.

한 권사님은 매일 저녁 족욕을 하시면서 찬양을 들으셨습니다.

"목사님, 족욕 시간이 제일 행복해요. 하루의 피로가 다 풀리는 것 같아요."

둘째, 따뜻한 차를 마시세요.

생강차, 대추차, 쌍화차... 몸을 따뜻하게 하는 차들이 많습니다. 특히 생강차는 체온을 올리는 데 아주 좋습니다.

아침에 일어나자마자 따뜻한 생강차 한 잔 드세요. 온몸이 깨어납니다.

셋째, 운동하세요.

운동하면 체온이 올라갑니다. 근육이 움직이면서 열이 나거든요. 그래서 규칙적으로 운동하는 사람은 기초 체온 자체가 높습니다.

넷째, 몸을 차갑게 하는 것을 피하세요.

찬 음료, 아이스크림, 냉면 등 이런 것들은 체온을 떨어뜨립니다. 특히 여름에 에어컨을 과도하게 틀면 몸이 차가워집니다.

"목사님, 여름에 더운데 어떻게 에어컨을 안 켜요?"

적당히 켜세요. 하지만 너무 춥게 하지 마시고, 가디건 같은 걸 준비해서 몸이 차가워지지 않게 하세요.

제3장

암의 재발 그리고 희망

1. 암은 왜 재발하는가?

(1) 가장 두려운 말은 재발했습니다

2년 전, 한 권사님이 본부 상담실로 급히 오셨습니다. 전화로 목소리를 들었을 때부터 심상치 않았습니다.

"목사님... 저..."

말을 잇지 못하고 울음을 터트리셨습니다.

권사님, 천천히 말씀하세요. 무슨 일이세요?"

"암이... 암이 다시 왔어요..."

3년 전 유방암 수술을 받고 항암 치료를 잘 마쳤던 분이었습니다. 2년간 재발 없이 잘 지내셨는데, 정기 검진에서 폐에 전이가 발견되었다고 했습니다.

"목사님, 그렇게 열심히 관리했는데... 감사 기도도 하고,

운동도 하고, 잘 먹고... 다 했는데 왜 다시 온 거예요?"

권사님의 목소리에는 절망과 배신감이 섞여 있었습니다.

이것이 많은 암 환자분들이 느끼는 감정입니다. 재발! 이 단어만큼 두려운 것이 없습니다. 한 번 이겼다고 생각했는데 다시 돌아온 적. 더 강해져서 돌아온 것 같은 느낌일 것입니다.

"왜 재발하는 걸까요?"

"재발을 막을 수는 없나요?"

"재발하면 끝인가요?"

오늘은 이 질문들에 대해 이야기하겠습니다. 그리고 무엇보다 희망을 나누겠습니다.

"목사님, 수술로 다 제거했다고 했는데 왜 다시 생겨요?"

한 집사님이 물으셨습니다. 대장암 수술 후 1년 만에 간에 전이되어 재발한 경우였습니다.

집사님, 수술로 눈에 보이는 덩어리는 제거했습니다. 하지만 눈에 보이지 않는 아주 작은 암세포들이 남아있을 수 있어요.

"그게 뭐예요?"

암 줄기세포와 순환 종양 세포입니다.

(2) 암 줄기세포, 숨어있는 적

암에는 일반 암세포와 암 줄기세포가 있습니다. 일반 암세포는 병사입니다. 수술이나 항암으로 제거하면 죽습니다. 그런데 암 줄기세포는 사령관입니다. 이들은 훨씬 더 똑똑합니다. 항암제를 피할 줄 알고, 몸속 깊은 곳에 숨어있다가 때가 되면 다시 나타납니다.

"어떻게 그럴 수 있어요?"

암 줄기세포는 휴면 상태로 들어갈 수 있습니다. 휴면 상태란 잠자는 상태입니다. 겨울잠 자는 곰처럼요. 활동을 멈추고 조용히 숨어있습니다. 그러면 항암제가 찾아내지 못합니다. 왜냐하면 항암제는 빠르게 분열하는 세포를 공격하는데, 휴면 중인 세포는 분열하지 않으니까요.

"그럼 언제 깨어나요?"

환경이 좋아지면 깨어납니다.

항암 치료가 끝나고 몸이 회복되면, 암 줄기세포도 '이제 안전하구나!' 하고 깨어납니다. 그리고 다시 분열하기 시작합니다. 이것이 재발입니다.

한 장로님이 계셨습니다. 위암 수술 후 항암 치료를 6개월 받으셨습니다. 그리고 2년간 재발이 없었습니다.

"목사님, 이제 다 나은 것 같아요. 검진도 안 받아도 될 것 같은데요."

아닙니다, 장로님. 꼭 받으세요. 암 줄기세포가 숨어있을 수 있어요. 그런데 장로님은 검진을 건너뛰셨습니다. 그리고 1년 후 복통으로 병원에 갔다가 재발을 발견했습니다.

"목사님, 제가 그때 검진을 받았어야 했는데..."

후회하셨지만 이미 늦었습니다. 다행히 조기에 발견해서 다시 치료받으셨지만, 정기 검진을 계속 받았다면 더 일찍 발견했을 겁니다.

(3) 순환 종양 세포, 떠돌이 적

또 하나의 원인이 있습니다. 순환 종양 세포입니다. 수술 전이나 수술 중에 암세포 일부가 혈관으로 들어갈 수 있습니다. 그러면 혈액을 따라 온몸을 돌아다닙니다. 떠돌이가 되는 거죠.

대부분은 면역세포에게 잡혀서 죽습니다. 하지만 일부는 살아남습니다. 그리고 어딘가에 정착합니다. 폐, 간, 뼈, 뇌... 멀리 떨어진 장기에 자리를 잡습니다.

"그게 전이 아니에요?"

맞습니다. 재발과 전이는 비슷합니다. 원래 있던 곳에 다시 생기면 재발, 다른 곳에 생기면 전이라고 부르죠.

한 집사님이 유방암 수술을 받았습니다. 수술은 잘 됐고 림프절 전이도 없었습니다. 항암 치료도 잘 받았습니다. 그런데 3년 후 뼈 통증으로 병원에 갔다가 뼈 전이를 발견했습니다.

"목사님, 유방에 있던 암이 어떻게 뼈까지 간 거예요?"

수술 전이나 수술 중에 암세포 일부가 혈액으로 들어갔을 겁니다. 그리고 3년 동안 조용히 숨어있다가 뼈에 자리 잡은 거예요.

"그럼 수술할 때 조심하면 안 되나요?"

의사 선생님들이 최선을 다합니다. 하지만 완벽하게 막을 수는 없어요. 암세포는 워낙 작고, 혈관은 온몸에 퍼져있으니까요.

(4) 면역력이 약해지면 재발한다

"목사님, 그럼 암 줄기세포나 순환 종양 세포가 있으면 무조건 재발하나요?"

아닙니다. 중요한 것은 면역력입니다.

암세포가 남아있어도 면역력이 강하면 제거됩니다. 특히 NK세포가 활발하면 암세포를 찾아내서 죽입니다. 그런데 면역력이 약해지면 어떻게 될까요? 암세포가 살아남습니다. 그리고 증식합니다. 이것이 재발입니다.

"면역력은 왜 약해지나요?"

여러 이유가 있습니다.

스트레스 – 암 재발에 대한 불안과 두려움이 스트레스를 만듭니다.

수면 부족 – 걱정 때문에 잠을 못 자면 면역력이 떨어집니다.

영양 부족 – 입맛이 없어서 제대로 못 먹으면 면역세포가 약해집니다.

운동 부족 – 피곤하다고 누워만 있으면 체력과 면역력이 떨어집니다.

방심 – 이제 다 나았다. 하고 예전 생활로 돌아가면 위험합니다.

한 권사님이 계셨습니다. 난소암 수술 후 1년간 정말 열심히 관리했습니다. 감사 기도하고, 운동하고, 잘 먹고, 잘 자고... 그런데 1년 후 재발 없다는 소식을 듣고 안심했습니다.

이제 괜찮구나. 다 나았어.

그때부터 예전 생활로 돌아갔습니다. 야근도 하고, 스트레스도 받고, 운동도 안 하고, 기도도 뜸해졌습니다.

6개월 후 재발했습니다.

"목사님, 제가 방심했어요. 1년만 더 조심했어도..."

눈물을 흘리며 후회하셨습니다.

2. 암의 재발을 막는 5가지 원칙

"목사님, 그럼 어떻게 해야 재발을 막을 수 있나요?"

15년간 본부에서 수천 명의 암 환자분들을 만나면서 정리한 원칙이 있습니다. 재발 없이 건강하게 사시는 분들의 공통점입니다.

(1) 정기 검진을 절대 거르지 마세요

"목사님, 검진받는 게 무서워요. 혹시 재발했다는 말을 들을까봐…"

그 마음 이해합니다. 하지만 모른 척한다고 재발이 사라지지 않습니다.

집사님, 재발을 빨리 발견할수록 치료가 쉽습니다.

정기 검진 일정은 의사 선생님이 정해주십니다. 보통 이렇습니다.

치료 후 처음 2년 – 3개월마다

2년 후부터 5년까지 – 6개월마다

5년 이후 – 1년마다

"왜 처음 2년이 더 자주예요?"

재발의 70퍼센트가 치료 후 2년 이내에 일어나기 때문입니다. 특히 처음 2년은 정말 중요합니다. 이 시기를 잘 넘기면 재발 가능성이 크게 줄어듭니다.

한 장로님이 계셨습니다. 대장암 수술 후 정기 검진을 정말 꼬박꼬박 받으셨습니다. 1년 6개월 후 검진에서 작은 병변이 발견되었습니다. 아직 1센티미터도 안 되는 작은 것이었습니다.

장로님, 재발입니다. 하지만 아주 초기예요. 다행입니다. 조기에 발견해서 간단한 수술로 제거했습니다. 지금 그 장로님은 5년째 건강하게 지내고 계십니다.

"목사님, 정기 검진 덕분에 살았어요."

(2) 생활습관을 평생 유지하세요

"목사님, 5년 지나면 완치 아니에요? 그럼 예전처럼 살아도 되는 거 아니에요?"

절대 아닙니다. 이것이 가장 위험한 생각입니다. 집사님, 암은 생활습관병입니다. 나쁜 생활 습관이 암을 만들었다면, 좋은 생활 습관을 평생 유지해야 재발을 막을 수 있어요.

5년이 지나서 완치 판정을 받았다고 해서 예전 생활로 돌아가면 안 됩니다.

담배 피우던 사람이 끊었다면 평생 피우면 안 됩니다.

술 마시던 사람이 끊었다면 계속 안 마셔야 합니다.

운동 안 하던 사람이 시작했다면 계속해야 합니다.

감사 기도 시작했다면 평생 해야 합니다.

한 집사님이 계셨습니다. 간암 치료 후 5년간 정말 잘 관리하셨습니다. 금주, 금연, 운동, 기도... 모든 것을 다 하셨습니다.

그런데 5년 후 완치 판정을 받고 "이제 괜찮겠지" 하고 다시 술을 드시기 시작했습니다.

"목사님, 완치됐는데 이제 소주 한잔 정도는 괜찮지 않을까요?"

안 됩니다, 집사님. 하지만 듣지 않으셨습니다. 그리고 2년 후 재발했습니다.

"목사님... 제가 잘못했어요..."

후회했지만 이미 늦었습니다.

반대로 한 권사님은 유방암 치료 후 10년이 지난 지금도 처음 시작했던 생활 습관을 그대로 유지하고 계십니다.

"목사님, 이제는 습관이 돼서 안 하면 오히려 이상해요. 감사 기도, 운동, 좋은 음식... 이게 제 삶의 일부가 됐어요."

이분은 10년째 재발 없이 건강하게 지내고 계십니다.

(3) 면역력을 계속 관리하세요

"목사님, 치료 끝났는데도 계속 면역력 관리를 해야 하나요?"

네, 오히려 치료 후가 더 중요합니다.

암 치료는 끝났지만 싸움은 끝나지 않았습니다. 몸속에 숨어있을지 모르는 암세포들과의 싸움이 계속됩니다. 그 싸움에서 이기려면 면역력을 계속 높여야 합니다.

앞서 말씀드린 NK세포 활성화 방법을 계속 실천하세요.

웃으세요 – 매일 웃을 일을 찾으세요.

운동하세요 – 하루 30분 걷기를 습관으로 만드세요.

버섯을 드세요 – 일주일에 3-4번은 버섯 요리를 드세요.

체온을 유지하세요 – 족욕을 계속하세요.

기도하세요 – 매일 감사 기도로 시작하세요.

자연과 교감하세요 – 주말에는 산이나 공원에 가세요.

사랑하고 사랑받으세요 – 가족, 친구들과 좋은 관계를 유지하세요.

한 집사님은 치료 후 7년째 이 모든 것을 실천하고 계십니다.

"목사님, 사람들이 물어봐요. '언제까지 그렇게 살 거예요?' 그럼 저는 이렇게 대답해요. '평생이요. 이게 제 삶의 방식이에요.'"

이분은 7년째 재발 없이 건강하게 지내고 계십니다. 그리고 오히려 암 걸리기 전보다 더 건강하다고 하십니다.

(4) 스트레스를 관리하세요

"목사님, 재발에 대한 불안 때문에 잠을 못 자겠어요."

많은 암 환자분들이 이런 불안을 느낍니다. 특히 검진 날짜가 가까이 오면 더 심해집니다.

혹시 재발한 건 아닐까?

이 통증이 혹시 전이는 아닐까?

내가 살 수 있을까?

이런 생각들이 머리를 떠나지 않습니다. 이것이 스트레스가 됩니다. 그리고 스트레스는 면역력을 떨어뜨립니다.

"어떻게 해야 하나요?"

먼저, 그 불안을 인정하세요.

불안한 것은 당연합니다. 한 번 암에 걸렸던 사람이 불안하지 않을 수 없습니다. 그것을 인정하세요.

나는 지금 불안하구나. 그게 자연스러운 거구나.

그리고 그 불안을 하나님께 맡기세요.

"너희 염려를 다 주께 맡기라. 이는 그가 너희를 돌보심이라"(베드로전서 5:7).

한 권사님이 계셨습니다. 폐암 치료 후 재발에 대한 불안이 너무 심했습니다.

"목사님, 매일 밤 악몽을 꿔요. 암이 온몸에 퍼진 꿈을..."

권사님, 자기 전에 이렇게 기도하세요. '하나님, 제 염려를 받아주세요. 저 혼자 감당할 수 없습니다. 하나님께 맡깁니다.'

권사님이 그렇게 기도하기 시작했습니다. 처음에는 형식적이었습니다. 그런데 계속 기도하다 보니 정말로 마음이 평안해졌습니다.

"목사님, 신기해요. 염려를 하나님께 맡기고 나니까 마음이 가벼워져요."

6개월 후 검진을 받았는데 재발이 없었습니다.

"권사님, 할렐루야!"

"목사님, 하나님이 저를 지켜주셨어요."

(5) **목적 있는 삶을 사세요**

"목사님, 암 치료 후 삶의 의미를 잃은 것 같아요. 뭘 위해 사는지 모르겠어요?"

이것도 많은 암 환자분들이 느끼는 감정입니다. 치료에만 집중하다가 치료가 끝나니 허전한 겁니다.

집사님, 이제 새로운 삶을 시작할 때입니다.

암은 끝이 아니라 새로운 시작입니다. 하나님이 주신 두 번째 기회입니다.

"뭘 하면 되나요?"

하나님이 집사님을 살리신 이유가 있을 겁니다. 그것을 찾으세요.

한 장로님이 계셨습니다. 위암 치료 후 삶의 목적을 잃으셨습니다.

"목사님, 제가 왜 살았는지 모르겠어요?"

장로님, 기도해보세요. 하나님이 장로님을 왜 살리셨는지.

장로님이 기도하기 시작했습니다. 그리고 한 가지 생각이 떠올랐습니다.

"다른 암 환자들을 돕고 싶어요. 제가 받은 은혜를 나누고 싶어요."

그때부터 장로님은 병원 암 환자 가족 모임에서 봉사를 시작했습니다. 암 환자들과 이야기하고, 격려하고, 기도해주셨습니다.

"목사님, 제가 다른 사람들을 돕는데 오히려 제가 힘을 얻어요. 제 삶에 의미가 생겼어요."

이 장로님은 8년째 재발 없이 건강하게 지내고 계십니다. 그리고 지금까지 수백 명의 암 환자들을 도왔습니다.

"이는 내게 사는 것이 그리스도니 죽는 것도 유익함이라"(빌립보서 1:21).

목적 있는 삶을 사는 사람은 강합니다. 재발에 대한 두려움도 이겨냅니다. 왜냐하면 삶의 이유가 분명하기 때문입니다.

3. 암이 재발했을 때, 어떻게 할 것인가?

"목사님, 그래도 재발하면 어떡해요?"

최선을 다해도 재발할 수 있습니다. 그것이 현실입니다. 그럴 때 어떻게 해야 할까요?

(1) 절망하지 마세요

재발은 끝이 아닙니다. 싸움이 계속되는 것일 뿐입니다.

"목사님, 한 번도 이기기 힘든데 두 번은 어떻게 이겨요?"

하나님은 여전히 살아계십니다. 그리고 집사님 편이십니다.

"여호와는 마음이 상한 자에게 가까이 하시고 충심으로 통회하는 자를 구원하시는도다"(시편 34:18).

재발했을 때 마음이 상합니다. 그때가 바로 하나님이 가장 가까이 계실 때입니다.

한 집사님이 대장암 재발로 본부에 오셨습니다. 얼굴에 절망이 가득했습니다.

"목사님, 이제 끝인 것 같아요."

아닙니다, 집사님. 아직 끝나지 않았어요.

저는 집사님과 함께 기도했습니다. 그리고 말씀드렸습니다.

집사님, 한 번 이긴 경험이 있잖아요. 그때 어떻게 이겼어요?

"감사하고, 기도하고, 운동하고..."

그럼 이번에도 그렇게 하세요. 하나님이 또 도와주실 겁니다.

집사님은 다시 일어났습니다. 그리고 치료를 받으면서 예전처럼 실천했습니다. 1년 후, 암이 사라졌습니다.

"목사님, 두 번째가 첫 번째보다 더 큰 은혜였어요. 하나님이 살아계신다는 것을 더 확실히 알게 됐어요."

(2) 원인을 찾으세요

"목사님, 왜 재발한 걸까요?"

재발에는 이유가 있습니다. 그것을 찾아야 합니다.

생활 습관을 점검하세요. 예전 습관으로 돌아가지 않았나요?

스트레스를 확인하세요. 최근에 큰 스트레스가 있었나요?

수면을 체크하세요. 잘 자고 있나요?

식사를 살펴보세요. 잘 먹고 있나요?

운동을 확인하세요. 꾸준히 하고 있나요?

한 권사님이 유방암 재발로 오셨습니다. 함께 원인을 찾아봤습니다.

권사님, 최근 6개월 동안 생활에 변화가 있었나요?

"글쎄요… 아, 딸이 이혼했어요. 그 일로 너무 스트레스 받았어요. 잠도 못 자고, 밥맛도 없고…"

원인을 찾았습니다. 스트레스였습니다.

권사님, 이제부터 그 스트레스를 관리해야 해요. 딸 문제는 하나님께 맡기고, 권사님은 권사님 건강을 챙기세요.

권사님이 스트레스를 관리하기 시작했습니다. 그리고 치료를 받으면서 회복되었습니다.

(3) 더 적극적으로 관리하세요

첫 번째 암보다 재발암이 더 위험할 수 있습니다. 왜냐하면 이미 한 번 항암제에 노출되어서 내성이 생겼을 수 있기 때문입니다. 그래서 더 적극적으로 관리해야 합니다.

치료를 더 열심히 받으세요.

생활 습관을 더 철저히 지키세요.

면역력을 더 강하게 만드세요.

기도를 더 많이 하세요.

한 장로님이 전립선암 재발로 오셨습니다.

"목사님, 이번에는 절대 놓치지 않겠습니다."

장로님은 첫 번째보다 훨씬 더 열심히 하셨습니다.

매일 아침 6시에 일어나 1시간 기도했습니다.

하루 두 번 30분씩 걸었습니다.

식단을 완전히 바꿨습니다.

본부 영성 훈련을 다시 받으셨습니다.

2년 후, 완전 치유 판정을 받았습니다.

"목사님, 재발이 오히려 축복이었어요. 더 깊이 하나님을 만났어요."

(4) 새로운 치료법을 찾으세요

의학은 계속 발전합니다. 첫 번째 암 치료 때 없던 새로운 치료법이 나왔을 수 있습니다.

면역 항암제 – NK세포를 활성화시키는 약

표적 치료제 – 특정 암세포만 공격하는 약

방사선 치료의 발전 – 더 정확하게 암만 조사

최신 수술 기법 – 덜 침습적인 수술

"목사님, 새로운 치료법이 있는지 어떻게 알아요?"

담당 의사 선생님과 상담하세요. 그리고 큰 병원에서 세컨드 오피니언을 받아보세요.

한 집사님이 난소암 재발로 오셨습니다. 담당 의사는 항암 치료를 권했습니다. 하지만 첫 번째 항암 치료가 너무 힘들었기 때문에 집사님은 두려워했습니다.

"목사님, 또 그 고통을 겪어야 하나요?"

다른 병원에도 가보세요. 새로운 치료법이 있을지 모릅니다.

집사님이 대학병원에 갔습니다. 그곳에서 새로운 표적 치료제를 추천받았습니다. 부작용이 훨씬 적다고 했습니다.

치료를 받았고, 정말 부작용이 적었습니다. 그리고 효과도 좋았습니다.

"목사님, 새로운 치료법을 찾아서 다행이에요."

(5) **공동체와 함께하세요**

재발했을 때 혼자 견디려고 하지 마세요. 교회 공동체, 가족, 친구들과 함께하세요.

"목사님, 재발했다는 말을 하기가 창피해요. 사람들이 '또 걸렸네' 하고 생각할 것 같아서..."

그렇게 생각하지 마세요. 진정한 공동체는 함께 아파하고 함께 기도합니다.

"너희가 짐을 서로 지라. 그리하여 그리스도의 법을 성취하라." (갈라디아서 6:2).

한 권사님이 위암 재발로 힘들어하셨습니다. 교회 식구들에게 말하기가 부끄러워서 혼자 삭이고 있었습니다. 그런데 어느 날 목장 모임에서 울음을 터트리셨습니다.

"암이 재발했어요..."

목장 식구들이 깜짝 놀랐습니다. 그리고 즉시 기도회를 열었습니다. 매주 한 번씩 모여서 권사님을 위해 기도했습니다.

권사님, 우리가 함께 이겨낼 거예요.

권사님이 치료받는 동안 목장 식구들이 도왔습니다. 병원 동행도 해주고, 식사도 준비해주고, 아이들도 돌봐주었습니다.

1년 후, 권사님이 완치되었습니다.

"목사님, 혼자였으면 포기했을 거예요. 목장 식구들이 저를 살렸어요."

공동체의 힘은 놀랍습니다. 혼자서는 견딜 수 없는 것도 함께하면 견딜 수 있습니다.

(재발 없이 10년을 사신 한 집사님 간증)

마지막으로 한 집사님의 이야기를 나누고 싶습니다.

이 집사님은 10년 전 췌장암 진단을 받았습니다. 췌장암은 가장 무서운 암 중 하나입니다. 5년 생존율이 10퍼센트도 안 됩니다.

수술을 받았습니다. 다행히 조기 발견이었습니다. 그리고 항암 치료를 6개월 받았습니다.

치료가 끝났을 때 의사가 말했습니다.

집사님, 치료는 잘 됐습니다. 하지만 췌장암은 재발률이 높습니다. 앞으로 5년이 고비입니다.

집사님은 각오했습니다.

5년을 잘 견뎌야겠구나.

그날부터 집사님은 실천하기 시작했습니다.

"매일 아침 5시에 일어나 기도했습니다.

하루 세 번 7-7-7 호흡을 했습니다.

매일 1시간씩 걸었습니다.
채식 위주로 식단을 바꿨습니다.
밤 10시에는 무조건 잠자리에 들었습니다.
3개월마다 검진을 빠짐없이 받았습니다."

1년이 지났습니다. 재발 없음.
2년이 지났습니다. 재발 없음.
3년이 지났습니다. 재발 없음.

사람들이 물었습니다.
집사님, 이제 좀 쉬세요. 3년이나 재발 없었잖아요.
"아닙니다. 5년까지는 계속 조심해야 합니다."

4년이 지났습니다. 재발 없음.
5년이 지났습니다. 재발 없음.

의사가 말했습니다.
축하합니다, 집사님. 5년 생존에 성공하셨습니다.
사람들이 또 물었습니다.
집사님, 이제는 예전처럼 사셔도 되는 거 아니에요?
"아닙니다. 평생 이렇게 살 겁니다."

6년, 7년, 8년, 9년... 계속 재발 없음.

그리고 올해로 10년이 되었습니다.

"목사님, 10년이에요. 10년!"

집사님이 본부에 오셔서 간증했습니다.

"제가 10년 전 암 진단 받았을 때 절망했습니다. '왜 나한테 이런 일이...' 하나님을 원망했습니다. 그런데 지금 돌아보니 암이 축복이었습니다. 암 때문에 하나님을 만났고, 건강한 삶을 배웠고, 감사를 알게 됐습니다. 만약 암에 걸리지 않았다면 지금도 술 마시고, 담배 피우고, 스트레스 받고, 하나님 없이 살았을 겁니다. 그러다 어느 날 갑자기 죽었을 거예요. 하나님은 암을 통해 저를 깨우셨습니다. '돌아오라. 네가 잘못 살고 있다.' 이제 저는 매일 감사하며 삽니다. 여러분, 재발이 두렵습니까? 저도 처음 5년간은 정말 두려웠습니다. 하지만 하나님을 신뢰하고 최선을 다하면 하나님이 지켜주십니다."

회중이 박수를 쳤습니다. 그리고 많은 분들이 눈물을 흘렸습니다.

그렇습니다. 재발은 두렵습니다. 하지만 우리에게는 희망이 있습니다. 하나님이 살아계시고, 우리와 함께하시기 때문입니다.

제4장

암 치료의 현주소

1. 암의 3대 표준치료

(목사님, 병원에서 수술하자고 하는데 무섭습니다)

작년 봄, 한 집사님이 본부로 오셨습니다. 위암 2기 진단을 받으셨는데, 의사가 수술을 권했다고 하셨습니다.

"목사님, 수술 안 하고 다른 방법은 없을까요? 기도로만 치료할 수는 없을까요?"

이런 질문을 정말 많이 받습니다. 특히 신앙이 깊으신 분들일수록 믿음으로만 낫고 싶다고 하십니다.

집사님, 하나님은 의사의 손도 쓰십니다.

"그래도..."

집사님, 하나님이 이 시대에 의학을 발전시키신 것도 하나님의 은혜입니다. 병원치료를 받으면서 동시에 기도하고 믿음을 지키는 것, 그것이 지혜입니다.

오늘은 현대 의학의 암 치료 방법들을 살펴보겠습니다. 그리고 그것과 신앙, 그리고 NK세포 관리를 어떻게 통합할 수 있는지 알아보겠습니다.

"목사님, 표준치료가 뭐예요?"

표준치료란 의학적으로 효과가 검증된 치료법입니다. 암 치료의 3대 표준치료는 수술, 항암화학요법, 방사선 치료입니다.

(1) 수술

수술은 암의 덩어리를 제거합니다. 수술은 가장 오래되고, 가장 확실한 치료법입니다.

"왜 수술이 필요한가요?"

암 덩어리를 물리적으로 제거하기 위해서입니다.

암이 한곳에 모여있고, 다른 곳으로 전이되지 않았다면, 수술로 제거하는 것이 가장 확실합니다.

수술의 원리는 간단합니다. 암 조직과 주변 정상 조직을 함께 잘라냅니다. 그리고 림프절도 함께 제거합니다. 왜냐하면 림프절을 통해 암세포가 퍼질 수 있기 때문입니다.

"목사님, 수술하면 다 낫나요?"

초기에 발견하면 수술만으로도 완치될 수 있습니다.

1기 암 – 수술만으로 완치율 90% 이상

2기 암 – 수술 후 보조 항암 치료

3기 암 – 수술 + 항암 + 방사선

4기 암 - 수술이 어려운 경우 많음

한 장로님이 계셨습니다. 대장암 1기로 수술을 받으셨습니다. 수술 전에 정말 두려워하셨습니다.

"목사님, 전신 마취한다는데 깨어나지 못하면 어떡해요?"

장로님, 하나님께 맡기세요. 그리고 의사 선생님을 신뢰하세요.

수술 전날 밤, 함께 기도했습니다.

"하나님, 내일 수술을 주관해주세요. 의사 선생님의 손을 인도해주세요. 암 조직을 깨끗이 제거하게 하시고, 장로님이 무사히 회복되게 해주세요."

수술은 성공적이었습니다. 암을 완전히 제거했고, 림프절 전이도 없었습니다.

"목사님, 살았어요! 하나님이 살려주셨어요!"

그 장로님은 5년째 재발 없이 건강하게 지내고 계십니다.

하지만 수술에는 한계가 있습니다. 전이된 암은 수술이 어렵습니다. 수술 불가능한 위치도 있습니다(뇌 깊숙한 곳, 중요 혈관 근처 등). 눈에 보이지 않는 미세 암세포는 제거할 수 없습니다. 그래서 수술 후에 항암 치료나 방사선 치료를 추가로 하는 경우가 많습니다.

(2) 항암화학요법

"목사님, 항암 치료가 뭐예요?"

항암 치료는 약물로 암세포를 죽이는 치료입니다.

"어떻게 암세포만 죽이나요?"

사실 암세포만 죽이지는 못합니다. 정상세포도 함께 손상됩니다. 이것이 항암 치료의 문제입니다.

항암제의 원리:
항암제는 빨리 분열하는 세포를 공격합니다. 암세포는 빨리 분열하므로 항암제에 잘 죽습니다. 하지만 정상세포 중에도 빨리 분열하는 세포가 있습니다.

빨리 분열하는 정상세포:
- 머리카락 세포 → 탈모
- 위장 점막 세포 → 구토, 설사
- 골수 세포 → 백혈구 감소, 면역력 저하
- 생식 세포 → 불임 가능성

그래서 항암 치료는 부작용이 심합니다.

한 권사님이 유방암으로 항암 치료를 받으셨습니다. 처음 항암 치료 후 정말 힘들어하셨습니다.

"목사님...너무 힘들어요. 토하고, 머리 빠지고, 온몸이 아프고... 이렇게까지 해야 하나요?"

권사님, 힘드시죠. 하지만 이것이 암세포를 죽이는 과정입니다.

"차라리 치료 안 받고 그냥 살다 죽는 게 낫지 않을까요?"

이런 생각을 하시는 분들이 많습니다. 항암 치료가 너무 힘들어서 포기하고 싶어집니다.

권사님, 조금만 참으세요. 항암 치료는 일시적입니다. 몇 개월만 견디면 끝납니다. 하지만 치료를 포기하면 암이 계속 자랍니다.

"그럼 어떻게 견뎌요?"

하나님께 힘을 구하세요. 그리고 우리가 배운 것들을 실천하세요.

항암 치료 중 NK세포 관리

충분히 자세요 – 면역세포가 회복됩니다.

영양을 섭취하세요 – 입맛 없어도 조금씩 드세요.

감사 기도하세요 – 스트레스를 줄입니다.

가족과 함께 하세요 – 사랑이 힘을 줍니다.

권사님이 이것들을 실천하기 시작했습니다. 여전히 힘들었지만 조금씩 견딜 만해졌습니다.

6개월 항암 치료를 마쳤을 때, 권사님이 말씀하셨습니다.

"목사님, 정말 힘들었어요. 하지만 이겨냈어요. 하나님이 함께하셨어요."

지금 그 권사님은 3년째 건강하게 지내고 계십니다.

항암 치료의 장점:

전신에 퍼진 암세포를 공격할 수 있습니다.

수술 전에 암을 줄일 수 있습니다(선행 항암).

수술 후 남은 암세포를 제거할 수 있습니다(보조 항암).

항암 치료의 단점:

부작용이 심합니다.

암세포가 내성을 가질 수 있습니다.

면역력이 떨어집니다.

(3) 방사선 치료

"목사님, 방사선 치료요... 솔직히 좀 무섭지 않아요? 방사선이라니..."

병원 복도에서 만난 김 집사님이 조심스럽게 물으셨습니다.

방사선이라는 말 자체가 좀 그렇죠. 근데 생각보다 정교한 치료예요.

"어떻게요?"

고에너지 방사선으로 암세포의 DNA를 직접 부숴버리는 거예요. DNA가 망가지면 세포가 분열을 못 하잖아요. 그럼 결국... '아, 죽는구나!'

맞아요. 근데 신기한 게, 그냥 막 쏘는 게 아니라 여러 각도에서 정밀하게 쏴서 암 부위에만 집중시켜요.

"그럼 정상세포는 안 다치나요?"

완벽하게 피할 수는 없어요. 어느 정도는 손상이 가죠.

집사님 표정이 어두워졌습니다.

"그럼 부작용이 있겠네요?"

네... 피부가 화상 입은 것처럼 될 수도 있고, 엄청 피곤하고...그리고..."

"그리고요?"

훨씬 나중 얘기긴 한데, 드물게 2차 암이 생길 수도 있대요.

"헐..."

얼마 전 폐암으로 방사선 치료를 시작하신 이 집사님이 생각났습니다.

"목사님! 신기해요. 치료받는데 전혀 안 아파요. 그냥 가만히 누워만 있으면 되더라고요."

그죠? 치료 자체는 통증이 없어요.

"그럼 걱정 없겠네요!"

아... 그게, 치료는 안 아픈데 나중에 부작용이 올 수 있어요.

2주쯤 지났을까요. 이 집사님을 다시 만났는데 얼굴이 말이 아니었습니다.

"목사님... 왜 이렇게 피곤한지 모르겠어요. 진짜 아무것도 안 했는데 기운이 하나도 없어요."

방사선 부작용이에요.

"에이, 설마요. 치료 받을 때 아프지도 않았는데..."

몸이 지금 보이지 않는 전쟁을 치르고 있는 거예요. 방사선과 싸우느라 에너지를 엄청 쓰고 있는 거죠.

"그럼 어떡해요? 이러다 계속 누워만 있어야 하나요?"

억지로 뭘 하려고 하지 마세요. 지금은 몸이 회복할 시간이 필요한 거예요. 푹 쉬는 게 치료예요.

"그래도 수술 못하는 데도 치료할 수 있다니... 대단하긴 하네요."

김 집사님이 중얼거렸습니다.

맞아요. 그게 방사선 치료의 장점이죠. 칼로 접근 못하는 곳도 정확하게 공격할 수 있으니까.

"대신 5주, 6주... 매일매일 병원 다니는 게 보통 일이 아니더라고요."

그것도 힘들죠. 보통 5-7주는 다녀야 하니까...

2. 3대 표준치료의 조합

"목사님, 그런데 왜 이렇게 여러 가지를 다 해요? 하나만 딱 하면 안 돼요?"

박 권사님이 치료 계획서를 보며 한숨을 쉬셨습니다. 유방암 2기 판정을 받으신 지 며칠 안 된 때였습니다.

"수술도 하고, 항암도 하고, 방사선도 하고... 이거 다 받으려면 일 년은 걸리겠어요?"

권사님, 각각이 하는 역할이 달라요.

"어떻게요?"

수술은 큰 덩어리를 떼어내는 거고, 항암은 온몸에 퍼진 작은 놈들을 잡는 거고, 방사선은 그 부위에 다시 안 생기게 하는 거예요.

"아... 그럼 다 필요한 거네요."

며칠 후 최 장로님을 만났습니다. 직장암 3기셨는데, 치료 순서가 독특했습니다.

"목사님, 저는 수술부터 하는 게 아니래요."

어떻게요?

"먼저 방사선이랑 항암을 해서 암 크기를 줄인 다음에 수술한대요. 그래야 잘 떼어낼 수 있대요."

아, 선행 치료 말씀이시구나.

"네, 그리고 수술 끝나면 또 항암을 해서 재발을 막는대요."

힘드시겠어요.

"뭐... 완치하려면 해야죠."

3. 4세대 치료 - 표적치료와 면역치료

"목사님! 들었어요? 요즘 신약이 나왔다던데요. 부작용도 별로 없다던데..."

젊은 김 집사가 눈을 반짝이며 물었습니다.

"아, 표적 치료 말씀이시죠?"

"그게 뭐예요?"

음... 기존 항암제는 무차별 폭격이라면, 표적 치료는 정밀 유도 미사일 같은 거예요.

"오오!"

기존 항암제는 빨리 분열하는 세포는 다 공격하잖아요. 암세포든 정상세포든. 그래서 머리도 빠지고 속도 뒤집히고...

"맞아요, 우리 어머니도 그러셨어요."

근데 표적 치료제는 암세포한테만 있는 특정 표지자를 공격해요. 마치 적군 군복만 보고 쏘는 거죠.

"대박... 그럼 정상세포는 안 다치겠네요?"

훨씬 덜 다치죠.

얼마 전 HER2(수용체 단백질) 양성 유방암으로 허셉틴(Herceptin:표적항암치료) 치료를 시작하신 조 권사님 얘기가 생각났습니다.

"목사님, 진짜 신기해요!

병원 앞 카페에서 만났는데, 머리카락도 성한 게 놀라웠습니다.

작년에 일반 항암제 받을 때는 토하고 머리 빠지고 진짜 죽는 줄 알았거든요. 근데 허셉틴은... 물론 좀 피곤하긴 한데, 비교도 안 돼요."

HER2만 골라서 공격하니까 그런 거예요.

"근데 비싸요. 엄청 비싸요..."

"..."

"그리고 선생님이 그러는데 나중에 내성이 생길 수도 있대요. 그럼 또 다른 약을 찾아야 한대요."

"그래도 삶의 질이 훨씬 나으니까..."

"맞아요. 예전 같으면 집에 누워만 있었을 텐데, 지금은 교회도 나오고 일도 할 수 있어요."

(1) 면역치료 - 우리 몸의 면역을 깨우다

"목사님, 면역치료는 또 뭐예요? 표적치료랑 다른 거예요?"

완전히 달라요. 이건 우리 몸 자체를 깨우는 거예요

"무슨 말이에요?"

우리 몸의 T세포, NK세포 있잖아요. 그놈들한테 '일어나!

암세포 공격해!'라고 명령하는 거예요.

"헐... 그럼 우리 몸이 스스로 암을 치료하는 거네요?"

바로 그거예요!

이강림 장로님이 생각났습니다. 폐암 4기로 키트루다 치료를 시작하셨을 때였습니다.

"목사님, 의사 선생님이 면역항암제라는 걸 써보자고 하네요."

"어떠세요?"

글쎄요... 아직 잘 모르겠어요. 근데 일반 항암제처럼 토하거나 그러진 않아요. 그냥 좀 피곤한 정도?

3개월 후 장로님을 다시 만났는데 표정이 완전히 달라져 있었습니다.

"목사님! CT 찍었는데 암이 확 줄었대요!"

정말요?

"4기라고 해서 사실 포기하고 있었거든요. 근데 이게 효과가 있네요!"

하나님 감사하네요.

"근데 선생님 말이, 모든 사람한테 다 효과가 있는 건 아니래요. 저처럼 잘 맞는 사람도 있고, 전혀 안 듣는 사람도 있대요."

확률이 어느 정도예요?

"한 20-30% 정도? 그리고 엄청 비싸요... 한 달에..."

"..."

그래도 효과가 있으니 다행이죠.

(2) 면역항암제의 원리

며칠 후 장로님이 궁금하다며 다시 찾아오셨습니다.

"목사님, 근데 이 약이 정확히 어떻게 작동하는 거예요?"

음... 평소에는 우리 T세포랑 NK세포가 몸을 순찰하면서 암세포를 잡잖아요.

"네."

근데 암세포가 영리해요. '면역 관문 단백질'이라는 걸 만들어서 T세포한테 '나 정상세포야, 공격하지 마'라고 거짓말을 해요.

"에이, 그런 나쁜..."

T세포가 속아 넘어가서 공격을 안 하는 거예요. 그럼 암세포가 살아남죠.

"아..."

면역관문억제제는 바로 이 거짓말을 차단해요. 그럼 T세포가 '어? 얘 암세포였네?' 하면서 다시 공격하기 시작하는 거죠.

"오~ 그럼 우리가 지금까지 배운 NK세포 활성화랑 비슷한 거네요?"

정확해요! 약으로 하느냐, 생활습관으로 하느냐 차이죠.

"그럼 둘이 같이 하면?"

대박이죠!

실제로 간암으로 키트루다 치료를 받으면서 NK세포 관리도 같이 하신 송 집사님이 있었습니다.

매일 아침 감사 기도하고, 30분씩 걷고, 버섯도 잘 챙겨 드시고, 잠도 충분히 주무시고...

담당 의사가 나중에 놀랐대요.

'집사님, 면역항암제 효과가 정말 좋네요. 보통 이 정도 반응 보이는 분들 많지 않은데...'

"선생님, 저 운동도 하고 식단도 관리하고 있어요."

그게 분명 도움 되는 것 같아요. 계속하세요.

6개월 후 송 집사님 간암이 거의 다 사라졌습니다.

"목사님, 약만 먹었으면 이 정도 안 됐을 거예요. 생활습관과 같이 하니까 효과가 배가 된 것 같아요!"

(3) 통합의학적 접근의 필요성

"목사님, 솔직히 말씀드려도 돼요?"

박 권사님이 조심스럽게 말문을 여셨습니다.

"저... 병원 치료 안 받고 그냥 자연치료만 하려고요."

......왜요?

"항암 부작용 너무 무서워요. 그리고 기도랑 자연치료로도 나을 수 있다잖아요. 하나님이 치유하실 거예요."

가슴이 철렁했습니다.

권사님, 하나님은 의사 손도 쓰세요.

"아니에요. 저는 믿음으로만 치유받을 거예요."

그렇게 하시다가 나중에...

"목사님, 믿음 없으세요?"

더 이상 말릴 수가 없었습니다.

6개월 후, 박 권사님이 병원에 갔습니다. 암이 3기에서 4기로 진행되어 있었습니다.

"목사님... 제가 잘못 생각했어요."

권사님이 울먹이셨습니다.

"처음부터 병원 치료 받을 걸... 이제 너무 늦었대요..."

반대 경우도 봤습니다.

최 장로님은 병원 치료만 100% 신뢰하셨습니다.

"목사님, 저는 의학을 믿어요. 운동이나 식단 같은 건 사실 미신 아니에요? 과학적 근거 있어요?"

장로님, 둘 다 하시는 게 좋습니다.

"에이, 그런 거 신경 쓸 시간에 치료나 잘 받으면 되죠!"

수술 잘 받으시고 항암도 다 받으셨는데, 부작용이 심했습니다. 면역력도 많이 떨어지셨고요.

장로님, 그래도 운동 좀 하시고 식단 관리도...

"글쎄요... 효과 있나 싶어요?"

결국 치료는 잘 받으셨지만 2년 후 재발하셨습니다.

반면 이 집사님은 달랐습니다.

대장암 3기로 수술 받으시고 항암 치료 받으시면서, 매일 아침 6시에 일어나 기도하시고, 하루도 빠짐없이 30분씩 걷고, 버섯, 채소 위주로 식단 바꾸시고, 밤 10시 전에 주무시고, 병원 검진도 한 번도 안 빠지시고...

집사님, 힘들지 않으세요?

"힘들죠. 근데 목사님, 하나라도 놓치면 안 될 것 같아요. 다 중요한 것 같아요."

5년 후, 완치 판정 받았습니다.

"목사님, 세 가지가 다 저를 살렸어요. 병원 치료, NK세포 관리, 기도 생활... 하나라도 빠졌으면 안 됐을 거예요."

(4) 이것이 답입니다.

병원 치료 100% + NK세포 관리 100% + 영적 관리 100%

"목사님, 그럼 100% + 100% + 100% = 300%네요?"

그렇죠. 세 가지 다 최선을 다하는 거예요.

수술은 큰 적을 제거하고,

항암과 방사선은 작은 적들을 소탕하고,

표적·면역치료는 똑똑하게 공격하고,

NK세포 관리는 우리 군대를 강화하고,

영적 건강은 총사령관을 든든하게 합니다.

하나라도 빠지면 안 됩니다.

전쟁에서 이기려면 모든 전력을 동원해야 합니다.

제2부

NK세포는 무엇인가?

제5장

NK세포는 몸의 특공대

(밤 10시, 한 권사님의 몸 이야기)

지금 시각 밤 10시. 김 권사님이 침대에 누웠습니다. 오늘도 피곤한 하루였습니다. 유방암 수술 후 항암 치료 3차를 받고 왔습니다. 몸은 힘들지만 마음은 평안합니다. 본부에서 배운 대로 감사 기도를 했거든요.

"하나님, 오늘도 살게 하시니 감사합니다. 오늘 항암 치료 잘 받게 하시니 감사합니다. 내일도 건강하게 깨어나게 하소서."

기도를 마치고 눈을 감았습니다. 7-7-7 호흡을 세 번 하고 나니 몸이 이완되었습니다. 곧 잠이 들었습니다.

그런데 김 권사님이 잠든 그 순간, 그의 몸속에서는 놀라운 일이 벌어지고 있었습니다.

혈관을 따라 수많은 세포들이 움직이기 시작했습니다. 낮에는 조용히 대기하고 있던 특수부대가 이제 본격적으로 작전을 개시한 것입니다. 이들의 이름은 NK세포(Natural Killer Cell), 자연살해세포입니다.

NK세포들이 혈관을 따라 이동합니다. 목표는 단 하나, 암세포를 찾아서 제거하는 것입니다.

한 NK세포가 유방 조직 근처를 지나갑니다. 그때, 수상한 세포 하나를 발견했습니다. 겉보기에는 정상세포처럼 보이지만 뭔가 이상합니다. NK세포가 다가가서 확인합니다.

'너, 정상세포야?'

정상세포라면 표면에 신분증 같은 것을 가지고 있어야 합니다. 그런데 이 세포는 신분증이 없거나 이상합니다.

'암세포다!'

NK세포가 즉시 공격을 시작합니다. 암세포의 세포막에 구멍을 뚫습니다. 그리고 독성 물질을 주입합니다. 암세포가 부풀어 오르더니 터집니다. 제거 완료.

이런 일이 지금 이 순간에도 우리 몸속에서 일어나고 있습니다. 우리가 자는 동안, 일하는 동안, 밥 먹는 동안... 쉬지 않고.

1. NK세포는 무엇인가?

"목사님, NK세포가 정확히 뭐예요?"

본부에 오시는 분들이 많이 물으십니다. 2장에서 잠깐 언급했는데, 이제 본격적으로 알아보겠습니다.

NK세포는 Natural Killer Cell의 약자입니다. 우리말로 하면 자연살해세포입니다. 이름이 좀 무섭죠? 하지만 우리에게는 가장 고마운 세포입니다.

"왜 자연살해세포라고 부르나요?"

다른 면역세포들과 달리 특별한 훈련 없이도 태어날 때부터 암세포를 죽일 수 있기 때문입니다. 설명이 필요합니다. 우리 몸의 면역세포에는 여러 종류가 있습니다.

T세포라는 게 있습니다. 이것은 훈련이 필요합니다. 특정 적을 만나야 그 적을 기억하고, 다음에 그 적이 오면 공격합니다. 예방접종이 바로 이 원리입니다.

그런데 NK세포는 다릅니다. 태어날 때부터 이미 암세포를 알아보고 죽일 수 있습니다. 훈련이 필요 없습니다. 그래서 '자연 살해세포'입니다.

"와, 신기하네요. 하나님이 우리 몸에 이미 암 치료제를 넣어두신 거네요?"

정확합니다!

"하나님이 지으신 그 모든 것을 보시니 보시기에 심히 좋았더라" (창세기 1:31).

하나님이 우리 몸을 만드실 때 이미 완벽한 방어 시스템을 넣어두셨습니다. NK세포는 그 시스템의 핵심입니다.

2. NK세포는 어떻게 일하는가?

"목사님, NK세포가 어떻게 암세포를 알아보나요? 암세포가 '나 암세포예요' 하고 말하나요?"

한 집사님이 웃으면서 물으셨습니다.

좋은 질문입니다. 정말 신기한 원리가 있어요.

정상세포는 표면에 MHC(주조직복합체:면역세포에게 알려주는 신호판)라는 것을 가지고 있습니다. 이것이 일종의 신분증입니다. '나는 정상세포입니다' 하고 증명하는 거죠.

그런데 암세포는 이 신분증이 없거나 이상합니다. 왜냐하면 암세포는 빨리 분열하느라 제대로 된 신분증을 만들 시간이 없거든요.

NK세포는 이것을 확인합니다. 몸속을 돌아다니면서 하나하나 세포를 검문합니다.

'신분증 보여줘.'

정상세포는 보여줍니다. '여기 있습니다.' 그러면 NK세포가 지나갑니다.

그런데 어떤 세포가 신분증이 없습니다. '저... 없는데요...' 그 순간 NK세포가 공격합니다.

이것을 '잃어버린 자기 인식'이라고 부릅니다. 영어로는 'Missing Self'입니다. 신분증이 없으면 의심받는 거죠.

"그럼 NK세포는 어떻게 죽이나요?"

두 가지 무기가 있습니다.

첫 번째 무기는 퍼포린(Perforin:구멍을 뚫는 단백질)입니다.

이것은 암세포의 세포막에 분사하여 작은 구멍을 뚫습니다.

두 번째 무기는 그랜자임(Granzyme:세린 단백질분해효소)입니다. 이것은 독입니다. 퍼포린이 만든 구멍을 통해 암세포 안으로 들어가서 암세포를 자살하게 만듭니다.

"자살이요?"

네, 세포 자살입니다. 의학 용어로는 세포자멸사, 영어로는 Apoptosis라고 합니다.

정상적인 세포는 때가 되면 조용히 죽습니다. 주변에 피해를 주지 않고 깨끗하게 정리되죠. 그런데 암세포는 죽지 않고 계속 분열합니다.

NK세포는 그랜자임을 주입해서 암세포에게 '너, 이제 죽을 때가 됐어. 조용히 가' 하고 명령합니다. 그러면 암세포가 자살 프로그램을 작동시킵니다.

"와... 정말 신기하네요."

하나님의 지혜가 놀랍죠?

"내가 주께 감사하옴은 나를 지으심이 심히 기묘하심이라"(시편 139:14).

정말 기묘합니다. 우리 몸은 놀라운 작품입니다.

3. NK세포는 얼마나 존재하는가?

"목사님, 우리 몸에 NK세포가 몇 개나 있어요?"

혈액 1밀리리터당 약 100개에서 1000개 정도 있습니다.

"그게 많은 건가요, 적은 건가요?"

전체 백혈구의 약 10퍼센트 정도입니다. 많지는 않지만 아주 강력합니다.

한 장로님이 궁금해하셨습니다.

목사님, 그럼 NK세포가 많으면 암에 안 걸리나요?

그렇다고 할 수 있습니다. 실제로 연구 결과가 있어요.

일본에서 11년 동안 3,625명을 추적 조사한 연구가 있습니다. NK세포 활성도가 높은 그룹과 낮은 그룹으로 나눠서 암 발생률을 비교했습니다. 결과가 놀라웠습니다. NK세포 활성도가 낮은 그룹은 높은 그룹보다 암 발생률이 2배 이상 높았습니다.

"2배요?"

네, 2배입니다. 다시 말하면 NK세포를 건강하게 유지하면 암 발생률을 절반으로 줄일 수 있다는 뜻입니다.

"와..."

또 다른 연구도 있습니다. 암 환자들의 NK세포 활성도를 측정했더니, 생존율과 밀접한 관련이 있었습니다. NK세포가 활발한 환자들이 그렇지 않은 환자들보다 훨씬 오래 살았습니다.

"그럼 NK세포를 늘리면 되겠네요!"

늘리는 것도 중요하지만, 더 중요한 것은 활성화시키는 겁니다.

4. NK세포의 활성도

"목사님, 활성도가 뭐예요?"

NK세포의 숫자도 중요하지만 더 중요한 것은 그 NK세포들이 얼마나 열심히 일하느냐입니다. 이것이 활성도입니다.

예를 들어 볼까요. 회사에 직원이 100명 있습니다. 그런데 그 중 50명만 일하고 나머지 50명은 놀고 있다면? 효율이 떨어지죠.

NK세포도 마찬가지입니다. 숫자는 많은데 활성도가 낮으면 제대로 일을 못 합니다. 암세포를 봐도 그냥 지나칩니다.

"왜 그렇게 되나요?"

여러 이유가 있습니다.

스트레스를 많이 받으면 NK세포 활성도가 떨어집니다.

잠을 못 자면 NK세포가 지칩니다.

영양이 부족하면 NK세포가 약해집니다.

운동을 안 하면 NK세포가 게을러집니다.

반대로 이렇게 하면 NK세포 활성도가 올라갑니다.

감사하면 NK세포가 활발해집니다.

잘 자면 NK세포가 회복됩니다.

좋은 음식을 먹으면 NK세포가 강해집니다.

운동하면 NK세포가 증가합니다.

"목사님, 그럼 2장에서 말씀하신 그 방법들이 다 NK세포를 위한 거였네요?"

정확합니다! 이제 이해되시죠?

염증을 줄이면 NK세포가 일하기 좋은 환경이 됩니다.

산소를 공급하면 NK세포가 활발하게 움직입니다.

체온을 올리면 NK세포가 더 강해집니다.

스트레스를 관리하면 NK세포가 약해지지 않습니다.

잘 자면 NK세포가 회복되고 증가합니다.

모든 것이 연결되어 있습니다. 하나님이 우리 몸을 얼마나 정교하게 만드셨는지 알 수 있습니다.

5. NK세포를 깨우는 7가지 방법

"목사님, 그럼 구체적으로 어떻게 하면 NK세포를 강하게 만들 수 있나요?"

좋은 질문입니다. 지금부터 제가 15년간 본부에서 수천 명의 암 환자분들과 함께 실천하면서 정리한 방법을 나눠드리겠습니다.

(1) 웃으세요

"목사님, 웃음이 정말 NK세포를 증가시켜요?"

네, 과학적으로 증명되었습니다.

일본 오사카 대학의 연구가 있습니다. 암 환자들에게 3시간 동안 코미디 프로그램을 보여줬습니다. 그리고 웃기 전과 웃은 후의 NK세포 활성도를 측정했습니다.

결과가 놀라웠습니다. 단 3시간 웃었을 뿐인데 NK세포 활성도가 평균 26퍼센트나 증가했습니다. 어떤 사람은 50퍼센트 이상 증가했습니다.

"와, 정말요?"

네, 웃음이 약입니다.

"마음의 즐거움은 양약이라도 심령의 근심은 뼈를 마르게 하느니라"(잠언 17: 22).

성경에 이미 나와 있습니다. 즐거운 마음이 약이라고요.

한 권사님 이야기입니다. 이분은 대장암 3기 진단을 받았습니다. 항암 치료가 너무 힘들었습니다. 그런데 어느 날 교회 친구들이 찾아왔습니다.

권사님, 우리 웃어요. 같이 웃으면 좋아진대요.

처음에는 "무슨 소리야, 암 환자가 무슨 웃음이 나와" 하셨습니다. 그런데 친구들이 억지로라도 웃게 만들었습니다.

'하하하!' 처음에는 억지로 웃었습니다. 그런데 억지로 웃다 보니까 진짜 웃음이 나왔습니다. 그리고 웃고 나니까 마음이 가벼워졌습니다.

그 후로 이 권사님은 매일 아침 거울 앞에서 웃기 시작했습니다.

'하하하! 오늘도 웃으며 시작합니다!'

6개월 후, 완치 판정을 받았습니다. 의사도 놀랄 정도로 빠른 회복이었습니다.

"목사님, 웃음이 저를 살렸어요."

웃으세요. 억지로라도 웃으세요. 입꼬리를 올리세요. 그러면 뇌가 속습니다. "아, 지금 기분이 좋구나" 하고 착각합니다. 그리고 행복 호르몬이 나옵니다. NK세포가 활성화됩니다.

(2) 운동하세요

"목사님, 암 환자도 운동해야 하나요?"

네, 반드시 해야 합니다.

운동하면 NK세포가 증가합니다. 이것도 연구로 증명되었습니다.

미국 인디애나 대학 연구팀이 실험했습니다. 중간 강도로 30분 운동하게 했습니다. 그리고 NK세포 숫자를 측정했더니 50퍼센트나 증가했습니다.

"50퍼센트요?"

네, 놀랍죠? 단 30분 운동으로 NK세포가 절반이나 늘어난 겁니다. 그런데 여기서 중요한 것이 있습니다. 너무 심하게 운동하면 오히려 역효과입니다. 마라톤 선수들을 조사했더니 운동 직후 NK세포가 오히려 감소했습니다. 몸이 너무 지쳐서 면역력이 떨어진 거죠.

"그럼 어떻게 운동해야 하나요?"

적당히 하세요. 숨이 약간 차고, 땀이 약간 날 정도면 됩니다.

걷기가 가장 좋습니다. 하루 30분, 빠르게 걸으세요. 팔을

흔들면서 걸으면 더 좋습니다.

수영도 좋습니다. 관절에 무리가 안 가고, 온몸 운동이 됩니다.

요가나 스트레칭도 좋습니다. 몸을 부드럽게 하고, 스트레스를 풀어줍니다.

한 장로님이 계셨습니다. 폐암 수술 후 의사가 운동하라고 했는데, 숨이 차서 못하겠다고 하셨습니다.

장로님, 집 앞 산책로를 천천히 걸으세요. 5분만요.

"5분요? 그것밖에 안 돼요?"

네, 시작이 중요합니다.

장로님은 처음에 5분 걷고 쉬었습니다. 다음 날은 7분, 그 다음 날은 10분... 이렇게 조금씩 늘려갔습니다.

3개월 후, 그 장로님은 하루 40분씩 걸으셨습니다. 그리고 체력 검사를 받았는데 의사가 깜짝 놀랐습니다.

'장로님, 폐활량이 엄청 좋아졌어요! 수술 전보다 더 좋아요!'

할렐루야!

운동은 NK세포를 증가시킬 뿐 아니라 체력도 키우고, 기분도 좋게 하고, 잠도 잘 오게 합니다. 일석사조입니다.

(3) **버섯을 드세요**

"목사님, 특별히 NK세포에 좋은 음식이 있나요?"

네, 버섯입니다.

버섯에는 베타글루칸이라는 성분이 들어있습니다. 이것이 NK세포를 직접 자극해서 활성화시킵니다.

특히 이런 버섯들이 좋습니다.

표고버섯 – 가장 흔하고 효과도 좋습니다

영지버섯 – 동양에서 오래전부터 약으로 썼습니다

상황버섯 – 항암 효과가 뛰어납니다

차가버섯 – 시베리아에서 나는 귀한 버섯입니다

느타리버섯 – 저렴하면서도 효과 좋습니다

“목사님, 이거 다 먹어야 해요?”

아닙니다. 이 중에 구하기 쉬운 것 한두 가지만 꾸준히 드세요.

한 집사님은 매일 아침 표고버섯 국을 끓여 드셨습니다.

“목사님, 처음에는 맛이 없었는데 먹다 보니 맛있어요. 이제 안 먹으면 섭섭해요.”

이분은 위암 수술 후 5년째 재발 없이 건강하게 지내고 계십니다.

버섯 외에도 NK세포에 좋은 음식들이 있습니다.

마늘 – 알리신 성분이 NK세포를 자극합니다

생강 – 항염증 효과와 함께 면역력을 높입니다

홍삼 – 사포닌이 NK세포를 활성화합니다

녹차 – 카테킨이 NK세포를 강화합니다

요구르트 – 유산균이 장 건강과 면역력을 높입니다

"목사님, 이것도 다 먹어야 해요?"

아닙니다. 집사님이 좋아하는 것 2-3가지만 꾸준히 드세요. 억지로 먹으면 스트레스가 됩니다.

(4) 체온을 유지하세요

"목사님, 체온이 NK세포와 무슨 관계가 있어요?"

큰 관계가 있습니다.

일본 이시하라 유미 박사가 연구했습니다. 체온이 1도 올라가면 면역력이 5배 증가한다고 합니다. 특히 NK세포 활성도가 크게 올라갑니다.

정상 체온은 36.5도에서 37도입니다. 그런데 많은 현대인들이 35도대입니다. 저체온증입니다.

"왜 체온이 낮아졌나요?"

운동 부족, 스트레스, 찬 음식... 여러 이유가 있습니다.

체온을 올리는 방법은 2장에서 말씀드렸습니다. 족욕, 따뜻한 차, 운동... 이런 것들을 꾸준히 하세요.

한 권사님은 매일 저녁 족욕을 하셨습니다. 처음에는 귀찮았는데 하다 보니 습관이 되었습니다.

"목사님, 족욕하면 온몸이 따뜻해지고, 잠도 잘 와요. 이제 안 하면 이상해요."

3개월 후 이 권사님의 체온을 재보니 36.8도였습니다. 전에는 35.5도였는데 1.3도나 올라간 겁니다.

권사님, 면역력이 많이 올라갔을 거예요.

실제로 그 후 감기도 안 걸리고, 피로도 많이 줄었다고 하셨습니다.

(5) **묵상하고 기도하세요**

"목사님, 묵상이랑 기도가 NK세포랑 무슨 관계가 있어요?"

큰 관계가 있습니다.

미국 오하이오 주립대 연구팀이 실험했습니다. 유방암 환자들을 두 그룹으로 나눴습니다. 한 그룹은 매일 말씀 묵상을 하게 하고, 다른 그룹은 하지 않게 했습니다.

8주 후 NK세포 활성도를 측정했더니, 말씀 묵상한 그룹이 말씀 묵상하지 않은 그룹보다 NK세포 활성도가 훨씬 높았습니다.

"왜 그럴까요?"

"말씀 묵상하면 스트레스가 줄어들고, 마음이 평안해지고, 그러면 NK세포가 활발해집니다."

기도도 마찬가지입니다. 기도하면 하나님과 교제하게 되고, 평안을 얻게 되고, 그러면 몸도 건강해집니다.

"아무 것도 염려하지 말고 다만 모든 일에 기도와 간구로, 너희 구할 것을 감사함으로 하나님께 아뢰라. 그리하면 모든 지각에 뛰어난 하나님의 평강이 그리스도 예수 안에서 너희 마음과 생각을 지키시리라"(빌립보서 4:6-7).

염려하지 말고 기도하라. 그러면 평강을 얻는다. 이것이 하나님의 약속입니다.

한 집사님이 계셨습니다. 간암 진단받고 매일 밤 불안해서 잠을 못 잤습니다.

"목사님, 자려고 누우면 '내가 죽으면 어떡하지' 이런 생각만 들어요."

집사님, 자기 전에 시편 23편을 읽으세요. 그리고 조용히 기도하세요.

집사님이 시편 23편을 읽기 시작했습니다.

> **"여호와는 나의 목자시니 내게 부족함이 없으리로다. 그가 나를 푸른 풀밭에 누이시며 쉴 만한 물가로 인도하시는도다. 내 영혼을 소생시키시고 자기 이름을 위하여 의의 길로 인도하시도다"**(시편 23:1-3)

처음에는 글자만 읽었습니다. 그런데 계속 읽다 보니 말씀이 마음에 와닿기 시작했습니다.

> **"내가 사망의 음침한 골짜기로 다닐지라도 해를 두려워하지 않을 것은 주께서 나와 함께 하심이라. 주의 지팡이와 막대기가 나를 안위하시나이다. 주께서 내 원수의 목전에서 내게 상을 차려 주시고 기름을 내 머리에 부으셨으니 내 잔이 넘치나이다. 내 평생에 선하심과 인자하심이 반드시 나를 따르리니 내가 여호와의 집에 영원히 살리로다"**(시편 23:4-6).

눈물이 났습니다. 하나님이 함께하신다. 이것을 믿게 되었습니다. 그날부터 잠을 잘 수 있게 되었습니다. 그리고 3개월 후 혈액 검사를 했는데 의사가 놀랐습니다.

'집사님, 면역력 수치가 많이 올라갔네요. 뭔가 특별히 하신 게 있나요?'

"기도했어요. 매일."

기도는 약입니다. 말씀 묵상도 좋지만, 우리에게는 더 좋은 것이 있습니다. 살아계신 하나님께 기도하는 것입니다.

(6) 자연과 교감하세요

"목사님, 자연이 NK세포와 무슨 관계가 있어요?"

큰 관계가 있습니다.

일본 치바 대학 연구팀이 숲에서 2박 3일 동안 지낸 사람들의 NK세포를 측정했습니다. 결과가 놀라웠습니다. NK세포 활성도가 50퍼센트 이상 증가했고, 그 효과가 한 달 이상 지속되었습니다.

"왜 그럴까요?"

나무에서 나오는 피톤치드라는 물질이 NK세포를 자극하기 때문입니다.

피톤치드는 식물이 자신을 지키기 위해 내보내는 물질입니다. 세균이나 해충을 막는 거죠. 그런데 이것이 사람에게는 좋습니다. 스트레스를 줄이고, 면역력을 높입니다.

"그럼 숲에 자주 가야겠네요."

네, 일주일에 한 번이라도 공원이나 산에 가세요. 나무가 많은 곳을 걸으세요.

한 장로님은 매주 토요일 아침 산에 가셨습니다. 처음에는 혼자 가셨는데, 나중에는 교회 식구들과 함께 가셨습니다.

"목사님, 숲에서 걷다 보면 머리가 맑아지고, 마음이 편안해져요. 그리고 하나님을 더 가까이 느껴요."

이 장로님은 전립선암 수술 후 6년째 건강하게 지내고 계십니다.

도시에 사시는 분들은 어떻게 할까요? 가까운 공원이라도 좋습니다. 나무가 있는 곳이면 됩니다. 아니면 집에 화분을 놓으세요. 작은 것이라도 도움이 됩니다.

(7) 사랑하고 사랑받으세요

"목사님, 사랑이 NK세포를 증가시켜요?"

네, 믿기 어렵지만 사실입니다.

미국 오하이오 주립대 연구팀이 부부를 대상으로 실험했습니다. 서로 사랑하는 부부와 갈등이 많은 부부의 NK세포 활성도를 비교했습니다. 결과가 놀라웠습니다. 사랑하는 부부의 NK세포 활성도가 훨씬 높았습니다. 반대로 갈등이 많은 부부는 NK세포 활성도가 낮았습니다.

"왜 그럴까요?"

사랑받으면 행복 호르몬이 나옵니다. 옥시토신, 세로토닌, 엔도르핀... 이런 호르몬들이 NK세포를 활성화시킵니다.

"사랑 안에 두려움이 없고 온전한 사랑이 두려움을 내쫓나니"(요한일서 4:18).

사랑받으면 두려움이 사라집니다. 불안이 사라집니다. 스트레스가 줄어듭니다. 그러면 NK세포가 활발해집니다.

한 권사님 이야기입니다. 이분은 난소암 진단을 받았습니다. 충격이 컸습니다. 그런데 남편이 정말 잘 돌봐주셨습니다.

매일 아침 '사랑해' 하고 말해주셨습니다.

병원 갈 때마다 함께 가주셨습니다.

힘들어할 때마다 안아주셨습니다.

기도해주셨습니다.

"목사님, 남편 사랑이 저를 살렸어요. 남편이 없었으면 포기했을 거예요."

지금 이 권사님 부부는 다른 암 환자 부부들을 돕는 사역을 하고 있습니다.

"우리가 받은 사랑을 나눠주고 싶어요."

사랑하세요. 그리고 사랑받으세요. 가족을 사랑하고, 친구를 사랑하고, 교회 식구들을 사랑하세요. 그리고 그들의 사랑을 받으세요.

고립되지 마세요. 혼자 있지 마세요. 사람들과 함께하세요. 그것이 NK세포를 살립니다.

(한 집사님의 NK세포 회복기)

여기서 박 집사님의 놀라운 이야기를 나누고 싶습니다.

박 집사님은 2년 전 폐암 4기 진단을 받았습니다. 의사는 6개월이라고 했습니다. 뼈와 간까지 전이되었기 때문입니다. 집사님은 절망했습니다. 가족들도 울었습니다.

그때 교회 권사님이 한국교회부흥운동본부를 소개해주셨습니다. 집사님이 찾아오셨을 때 얼굴에 죽음의 그림자가 드리워져 있었습니다.

"목사님, 저 살 수 있을까요?"

하나님께 불가능은 없습니다. 하지만 집사님도 최선을 다하셔야 해요. 저는 집사님께 말씀드렸습니다.

지금부터 집사님의 임무는 NK세포를 깨우는 겁니다.

"NK세포요?"

네, 집사님 몸속에는 수십억 개의 NK세포가 있습니다. 그런데 지금 잠들어 있어요. 이들을 깨워야 합니다. 그날부터 집사님은 실천하기 시작했습니다.

매일 아침 감사 기도로 시작했습니다.

하루 세 번 7-7-7 호흡을 했습니다.

매일 30분씩 공원을 걸었습니다.

매일 표고버섯 국을 먹었습니다.

밤 10시에 잠자리에 들었습니다.

일주일에 한 번 본부에 와서 안수기도를 받았습니다.

그리고 무엇보다 웃기 시작했습니다. 처음에는 억지로 웃었습니다. 암 환자가 무슨 웃음이 나오겠습니까. 그런데 억지로라도 웃다 보니 진짜 웃음이 나왔습니다.

"목사님, 신기해요. 웃다 보니까 기분이 좋아져요."

3개월 후, 집사님이 병원에 갔습니다. CT를 찍었습니다. 의사가 필름을 보더니 고개를 갸웃했습니다.

'집사님, 종양이 줄었어요.'

"네?"

'간에 전이되었던 암이 많이 작아졌고, 폐에 있던 암도 줄었어요. 뭔가 특별히 하신 게 있나요?'

집사님은 그동안 했던 것들을 말씀드렸습니다.

"그리고 매일 웃었어요."

의사가 웃었습니다. '웃음이 약이군요.'

6개월 후, 또 검사했습니다. 이번에는 의사가 깜짝 놀랐습니다.

'집사님, 이거 거의 기적입니다. 간에 전이된 암이 완전히 사라졌어요. 폐의 암도 절반 이하로 줄었어요.'

1년 후, 암이 거의 다 사라졌습니다. 의사가 이렇게 말했습니다.

'집사님, 의학적으로 설명하기 어렵습니다. 4기 폐암이 이렇게 좋아지는 경우는 정말 드뭅니다.'

집사님은 눈물을 흘리며 기도했습니다.

"하나님 감사합니다. 제 몸의 NK세포를 깨워주셔서 감사합니다."

지금 이 집사님은 완전히 건강합니다. 2년이 지났는데 재발도 없습니다. 그리고 다른 암 환자들에게 간증하고 있습니다.

여러분, 여러분 몸속에는 이미 치유의 능력이 있습니다. NK세포입니다. 이것을 깨우세요. 그러면 하나님이 역사하십니다.

6. NK세포와 항암 치료

"목사님, 그럼 NK세포만 잘 관리하면 병원 치료 안 받아도 되나요?"

절대 아닙니다. 이것은 정말 중요한 질문입니다.

집사님, NK세포는 보조입니다. 주 치료는 병원에서 받으셔야 합니다. 암이 이미 커졌다면 수술, 항암, 방사선 치료가 필요합니다. 이것은 큰 덩어리를 제거하는 겁니다.

그런데 치료 후에도 아주 작은 암세포들이 남아있을 수 있습니다. 혈액 검사나 CT로는 보이지 않는 아주 작은 세포들이요. 이것들을 잡는 게 NK세포입니다. NK세포는 청소부입니다. 큰 덩어리는 병원 치료로 제거하고, 남은 찌꺼기는 NK세포가 청소합니다.

"그럼 둘 다 필요한 거네요?"

정확합니다. 병원 치료와 NK세포 관리, 둘 다 필요합니다.

한 장로님이 계셨습니다. 위암 수술을 받으셨는데 항암 치료는 거부하셨습니다.

"목사님, 저 항암 안 하고 NK세포만 관리하면 안 될까요? 항암 부작용이 너무 무서워요."

장로님, 의사 선생님이 항암 치료가 필요하다고 하셨으면 받으세요. 그리고 NK세포 관리도 함께하세요.

"항암 치료하면서도 NK세포 관리를 할 수 있나요?"

물론입니다. 오히려 항암 치료 중일 때 더 중요합니다. 항암 치료는 암세포뿐 아니라 정상세포도 손상시킵니다. 특히 면역세포도 약해집니다. 그래서 항암 치료 중에는 감염에 취약해집니다. 하지만 NK세포를 잘 관리하면 항암 치료 중에도 면역력을 유지할 수 있습니다.

"어떻게요?"

제가 말씀드린 7가지 방법을 실천하세요. 특히 잘 자고, 잘 먹고, 감사하고, 기도하세요.

장로님은 결국 항암 치료를 받기로 하셨습니다. 그리고 동시에 NK세포 관리도 열심히 하셨습니다.

6개월간 항암 치료를 받으셨는데, 놀랍게도 부작용이 많지 않았습니다.

"목사님, 다른 환자들은 항암 중에 너무 힘들어하는데 저는 괜찮아요. 물론 힘들긴 하지만 견딜 만해요."

담당 의사도 신기해했습니다.

'장로님, 혈액 수치가 좋아요. 백혈구가 잘 회복되고 있어요. 뭔가 특별히 하시는 게 있나요?'

"네, NK세포 관리하고 있어요."

지금 이 장로님은 항암 치료를 모두 마치고 건강하게 지내고 계십니다.

제6장

NK세포의 놀라운 역할

1. 24시간 순찰하는 면역 감시병

"목사님, NK세포가 정확히 뭘 하는 건가요?"

한 집사님이 물으셨습니다. 앞 장들에서 NK세포에 대해 언급했지만, 구체적으로 어떤 일을 하는지 궁금하다고 하셨습니다.

집사님, NK세포는 우리 몸의 24시간 경비원입니다.

"24시간이요?"

네, 쉬지 않고 일합니다. 우리가 자든 깨든, 일하든 쉬든, NK세포는 계속 움직입니다. 상상해 보세요. 지금 이 순간에도 여러분 몸속에서는 수십억 개의 NK세포가 혈관을 따라 이동하고 있습니다. 마치 경찰이 순찰차를 타고 동네를 돌아다니듯이, NK세포는 혈관을 따라 온몸을 순찰합니다.

"뭘 찾으면서요?"

이상한 세포를 찾습니다.

NK세포가 찾는 것:

- 암세포

- 바이러스 감염된 세포

- 돌연변이 세포

- 손상된 세포

"어떻게 찾아요?"

세포 표면을 검사합니다.

NK세포는 만나는 모든 세포를 검문합니다. '너, 정상이야?' 하고 확인하는 거죠.

정상세포라면 – '통과!'

이상한 세포라면 –'너 잡았다!'

한 권사님이 이렇게 비유하셨습니다.

"목사님, NK세포는 교회 주차장 경비 아저씨 같네요. 차들 들어올 때마다 확인하고, 이상한 차 있으면 막고..."

정확한 비유입니다!

그런데 놀라운 것은 NK세포가 쉬지 않는다는 겁니다.

낮에도 순찰합니다.

밤에도 순찰합니다.

우리가 자는 동안에도 순찰합니다.

특히 밤에 더 활발합니다!

"왜 밤에요?"

우리가 잠을 잘 때 면역세포들이 가장 활발하게 일하기 때문입니다.

밤 10시부터 새벽 2시까지, 이 시간을 '면역력의 골든 타임'이라고 부릅니다. 이 시간에 NK세포가 가장 많이 증식하고, 가장 활발하게 일합니다.

"그래서 충분히 자라고 하는 거구나!"

맞습니다. 잠을 못 자면 NK세포가 일할 시간이 없습니다.

한 장로님이 계셨습니다. 평생 야근을 많이 하셨습니다. 밤 12시, 1시까지 일하는 게 일상이었습니다.

"목사님, 저는 잠이 별로 필요 없어요. 4-5시간만 자도 괜찮아요."

그런데 위암 진단을 받으셨습니다.

"왜 저한테 암이 생겼을까요?"

여러 이유가 있겠지만, 수면 부족도 큰 원인이었을 겁니다.

장로님, 이제부터는 밤 10시에 주무세요.

"목사님, 평생 그렇게 안 살았는데 힘들어요."

장로님의 생명이 걸린 문제입니다. 꼭 바꾸세요.

장로님이 수술 후 생활 습관을 완전히 바꾸셨습니다. 밤 10시에 주무시기 시작했습니다.

"목사님, 신기해요. 충분히 자고 나니까 몸이 가벼워요. 그리고 면역력 검사를 했는데 NK세포 활성도가 올라갔대요."

지금 그 장로님은 5년째 재발 없이 건강하게 지내고 계십니다.

(1) NK세포의 순찰 경로

혈관을 따라 온몸을 돌아다닙니다.

특히 암이 잘 생기는 곳을 집중 순찰합니다.

폐 – 산소 교환으로 세포 손상이 많음

간 – 독소 해독 과정에서 손상 많음

위장 – 음식물과 접촉으로 자극 많음

유방, 전립선 – 호르몬 영향받는 조직

하루에 NK세포 한 개가 몇 개의 세포를 검사할까요?

수천 개입니다!

그리고 우리 몸에는 NK세포가 수십억 개 있습니다. 상상해 보세요. 수십억 개의 경비원이 24시간 온몸을 순찰하는 겁니다.

"와... 우리 몸이 정말 놀랍네요."

"내가 주께 감사하옴은 나를 지으심이 심히 기묘하심이라"(시편 139:14).

정말 기묘합니다. 하나님이 우리 몸에 이런 놀라운 시스템을 만들어 두셨습니다.

(2) 암세포 인식과 파괴 메커니즘

"목사님, NK세포는 어떻게 암세포를 알아보나요?"

좋은 질문입니다. 암세포는 정상세포에서 변한 것이기 때문에 구별하기 어려울 것 같은데, NK세포는 정확하게 찾아냅니다.

"어떻게요?"

신분증을 확인합니다.

모든 정상세포는 표면에 MHC-I(내부 감염 알람판)이라는 단백질을 가지고 있습니다. 이것이 신분증입니다.

'저는 정상세포입니다' 하고 증명하는 거죠.

NK세포는 세포를 만나면 이 신분증을 확인합니다.

'신분증 보여줘.'

정상세포 - '여기 있습니다.' (MHC-I을 보여줌)

NK세포 - '통과!' (지나감)

암세포 - '저... 없는데요...' (MHC-I이 없거나 적음)

NK세포 - '너 수상해!'(공격 준비)

"왜 암세포는 신분증이 없어요?"

암세포는 빨리 분열하느라 제대로 된 신분증을 만들 시간이 없습니다.

정상세포는 천천히, 정확하게 분열합니다. 그래서 필요한 단백질을 다 만들 수 있습니다.

암세포는 빨리빨리 분열합니다. 그래서 단백질 생산이 엉망입니다. MHC-I 같은 것은 만들지 않거나 적게 만듭니다.

이것을 "Missing Self (잃어버린 자기)"라고 부릅니다.

그런데 여기서 놀라운 것이 있습니다.

T세포는 신분증이 있어야 공격합니다. (이상한 신분증 = 공격)

NK세포는 신분증이 없으면 공격합니다. (신분증 없음 = 공격)

"왜 다른가요?"

역할이 다르기 때문입니다.

T세포 - 외부 침입자를 잡습니다 (바이러스, 세균)

NK세포 - 내부 배신자를 잡습니다 (암세포, 감염된 세포)

외부 침입자는 이상한 신분증을 가지고 있습니다. T세포가 잡습니다. 내부 배신자는 신분증을 숨깁니다. NK세포가 잡습니다.

한 집사님이 이렇게 비유하셨습니다.

"목사님, T세포는 출입국 관리소 직원 같고, NK세포는 첩보 요원 같네요."

정확한 비유입니다!

그런데 NK세포는 신분증만 확인하는 게 아닙니다. 다른 단서도 확인합니다.

스트레스 신호 - 암세포는 스트레스를 받으면 특정 단백질(MICA, MICB)을 표면에 드러냅니다. '나 힘들어요' 하는 신호죠. NK세포가 이것을 감지합니다.

모양 변화 - 암세포는 모양이 이상합니다. NK세포가 알아

챕니다.

대사 산물 - 암세포는 정상세포와 다른 물질을 분비합니다. NK세포가 냄새를 맡듯이 감지합니다.

여러 가지 단서를 종합해서 판단합니다.

'신분증도 없고, 모양도 이상하고, 스트레스 신호도 보이고... 너 확실히 암세포다!'

그러면 공격을 시작합니다.

(3) 죽음의 키스 - 퍼포린과 그랜자임

"목사님, NK세포는 어떻게 암세포를 죽이나요?"

NK세포의 무기는 퍼포린과 그랜자임 두 가지입니다.

첫번째 무기는 퍼포린(Perforin:구멍을 뚫다)입니다.

NK세포가 암세포를 발견하면 밀착합니다. 마치 키스하듯이 아주 가까이 붙습니다.

그래서 이것을 '죽음의 키스'라고 부릅니다.

밀착한 상태에서 NK세포가 퍼포린을 분비합니다. 퍼포린이 암세포의 세포막에 작은 구멍을 뚫습니다.

마치 총으로 쏘는 것처럼 펑펑펑! 구멍이 여러 개 뚫립니다.

"그럼 암세포가 죽나요?"

아직 아닙니다. 이제 두 번째 무기를 씁니다.

두 번째 무기는 그랜자임(Granzyme)입니다.

효소의 일종인데, 세포를 자살시키는 독입니다.

퍼포린이 뚫어놓은 구멍으로 그랜자임이 들어갑니다. 암세포 안으로 쑥쑥 들어갑니다.

그랜자임이 암세포 안에서 작동합니다.

암세포의 DNA를 자릅니다.

암세포의 미토콘드리아를 파괴합니다.

암세포의 자살 프로그램(Apoptosis)을 작동시킵니다.

"자살 프로그램이요?"

네, 모든 세포에는 자살 프로그램이 내장되어 있습니다.

정상적인 세포는 수명이 다하면 조용히 자살합니다. 주변에 피해를 주지 않고 깨끗하게 정리됩니다. 이것을 세포자멸사(apoptosis)라고 합니다.

그런데 암세포는 이 자살 프로그램이 고장났습니다. 그래서 죽지 않고 계속 분열합니다.

NK세포의 그랜자임은 강제로 이 프로그램을 작동시킵니다.

'너, 이제 죽을 때가 됐어. 자살해!'

암세포가 어쩔 수 없이 자살 프로그램을 작동시킵니다.

암세포가 쪼그라듭니다.

DNA가 조각납니다.

세포가 작은 조각들로 분해됩니다.

다른 면역세포(대식세포)가 와서 조각들을 청소합니다.

깨끗하게 제거됩니다.

한 권사님이 이 설명을 듣고 이렇게 말씀하셨습니다.

"목사님, NK세포는 저격수네요. 총으로 구멍 뚫고, 독 주입하고, 암세포 자살시키고... 완벽한 암살자예요!"

맞습니다. 그래서 Natural Killer, 자연살해세포라고 부릅니다.

그런데 여기서 중요한 것이 있습니다.

NK세포는 정상세포는 건드리지 않습니다! 항암제는 정상세포도 손상시킵니다. 그래서 부작용이 심합니다. 하지만 NK세포는 암세포만 정확하게 공격합니다. 정상세포에는 신분증(MHC-I)이 있으니까 건드리지 않습니다.

"와... 정말 똑똑하네요."

하나님의 지혜가 놀랍습니다. 우리 몸에 이런 정교한 시스템을 만들어 두셨습니다.

(4) 5분 안에 암세포 파괴

"목사님, NK세포가 암세포를 죽이는 데 얼마나 걸려요?"

놀랍게도 5분입니다.

"5분요? 그렇게 빨라요?"

네, 연구 결과가 있습니다.

실험실에서 NK세포와 암세포를 함께 넣고 관찰했습니다.

0분 - NK세포가 암세포에 접근

1분 - NK세포가 암세포에 밀착 (죽음의 키스)

2분 - 퍼포린 분비, 구멍 뚫기

3분 - 그랜자임 주입

4분 - 암세포 자살 프로그램 작동

5분 – 암세포 파괴 완료

단 5분 만에 암세포가 죽습니다!

"목사님, 그럼 하나의 NK세포가 하루에 몇 개의 암세포를 죽일 수 있어요?"

여러 개를 죽일 수 있습니다.

NK세포는 한 번 공격하고 끝이 아닙니다. 한 암세포를 죽이고 나면 다음 암세포를 찾아갑니다.

하루에 한 NK세포가 여러 개의 암세포를 제거할 수 있습니다.

그리고 우리 몸에는 NK세포가 수십억 개 있습니다.

하루에 우리 몸에서 생기는 암세포: 3,000~5,000개

우리 몸의 NK세포: 수십억 개

한 NK세포가 제거하는 암세포: 여러 개를 충분히 감당할 수 있습니다!

"그런데 목사님, 왜 어떤 사람은 암에 걸려요?"

NK세포가 약해지거나, 암세포가 너무 많이 생기기 때문입니다.

NK세포가 약해지는 이유:

– 스트레스

– 수면 부족

– 영양 부족

- 운동 부족

- 노화

암세포가 너무 많이 생기는 이유:

- 발암 물질 노출 (담배, 술)

- 만성 염증

- 유전적 요인

NK세포 10개가 암세포 100개를 상대하면? - 버틸 수 있습니다.

NK세포 10개가 암세포 10,000개를 상대하면? - 벅찹니다.

그래서 두 가지가 중요합니다:

NK세포를 많이, 강하게 만들어야 합니다.

암세포 생성을 줄여야 합니다.

한 장로님이 전립선암 진단을 받으셨습니다.

"목사님, 제 NK세포가 약했나봐요."

"장로님, 이제부터 NK세포를 강하게 만드세요."

장로님이 실천하기 시작했습니다:

- 매일 운동
- 충분한 수면
- 버섯 식단
- 감사 기도
- 스트레스 관리

3개월 후 NK세포 활성도 검사를 했는데 많이 올라갔습니다.

"목사님, NK세포가 강해졌대요! 이제 제 몸의 암세포들을 빠르게 제거할 수 있겠네요!"

실제로 그 장로님은 수술 후 재발 없이 건강하게 지내고 계십니다.

(5) 바이러스 감염 세포 제거

"목사님, NK세포는 암세포만 죽이나요?"

아닙니다. 바이러스 감염된 세포도 제거합니다.

NK세포의 또 다른 중요한 역할입니다.

바이러스는 세포 안으로 들어가서 증식합니다. 세포를 공장처럼 사용하는 거죠.

감염된 세포는 이상해집니다:

- MHC-I 신분증을 숨깁니다.
- 스트레스 신호를 보냅니다.
- 바이러스 단백질을 표면에 드러냅니다.

NK세포가 이것을 감지합니다.

'너, 바이러스 감염됐구나!'

그리고 죽음의 키스로 제거합니다.

"왜 감염된 세포를 죽여요? 치료하면 안 돼요?"

바이러스가 그 세포를 공장처럼 쓰고 있기 때문입니다. 감염된 세포를 살려두면 바이러스가 계속 증식합니다. 그러면 다른 세포로 퍼집니다. 차라리 감염된 세포를 빨리 제거하는 게 낫습니다. 더 이상 바이러스가 증식하지 못하게 하는 것입니다.

독감에 걸렸을 때도

- 바이러스가 호흡기 세포를 감염시킵니다.
- NK세포가 감염된 세포를 제거합니다.
- 그래서 기침, 가래가 나옵니다 (죽은 세포 배출).
- 며칠 후 회복됩니다.

"목사님, 그럼 감기 걸렸을 때도 NK세포가 일하는 거네요?"

맞습니다.

NK세포가 활발한 사람 - 감기에 잘 안 걸리고, 걸려도 빨리 낫습니다.

NK세포가 약한 사람 - 감기에 자주 걸리고, 오래 갑니다.

한 집사님이 계셨습니다. 1년에 5-6번씩 감기에 걸리셨습니다.

"목사님, 저는 감기에 자주 걸려요. 왜 그럴까요?"

면역력이 약한 것 같습니다. NK세포 활성도를 검사해보세요.

검사 결과, NK세포 활성도가 정상보다 훨씬 낮았습니다.

"목사님, NK세포가 약하대요."

그럼 NK세포를 강화하세요.

집사님이 생활 습관을 바꾸기 시작했습니다:

- 충분한 수면

- 규칙적인 운동
- 영양 식단
- 스트레스 관리

6개월 후, 집사님이 말씀하셨습니다.

"목사님, 신기해요. 올겨울에 감기 한 번도 안 걸렸어요! NK세포를 강화하니까 바이러스도 잘 막아주네요!"

코로나19 팬데믹 때도 NK세포가 중요했습니다.

NK세포가 강한 사람 – 감염되어도 가볍게 앓고 지나갔습니다.

NK세포가 약한 사람 – 중증으로 발전했습니다.

연구 결과가 있습니다. 중증 코로나 환자들의 NK세포 활성도가 경증 환자보다 훨씬 낮았습니다.

NK세포는 암세포뿐 아니라 모든 병원체로부터 우리를 지킵니다.

2. 면역 조절 기능

"목사님, NK세포가 또 다른 역할도 있나요?"

네, 면역을 조절합니다.

NK세포는 단순히 죽이기만 하는 게 아닙니다. 다른 면역세포들과 소통하며 면역 반응을 조절합니다.

(1) 사이토카인 분비

NK세포는 사이토카인이라는 신호 물질을 분비합니다.

IFN-γ (인터페론 감마) - "바이러스 공격이다! 모두 경계하라!"

TNF-α (종양괴사인자 알파) - "암세포다! 모여라!"

이 신호를 받은 다른 면역세포들이 활성화됩니다.

T세포 - "알았어, 출동한다!"

대식세포 - "우리도 간다!"

수지상세포 - "정보 수집하러 간다!"

NK세포가 사령관처럼 다른 면역세포들을 지휘하는 겁니다.

(2) 수지상세포 활성화

수지상세포는 정보 수집가입니다. 적의 정보를 수집해서 T세포에게 전달합니다.

NK세포가 수지상세포를 활성화시킵니다.

'가서 암세포 정보를 수집해와!'

수지상세포가 암세포를 분석하고, T세포에게 정보를 줍니다. 그러면 T세포가 더 효과적으로 암세포를 공격할 수 있습니다.

(3) 과도한 면역 반응 억제

면역이 너무 강하면 문제가 됩니다. 자가면역질환이 생깁니다.

NK세포는 과도한 면역 반응을 억제하기도 합니다.

'이 정도면 충분해. 그만 공격해.'

균형을 맞추는 거죠.

너무 약하면 - 감염, 암

너무 강하면 - 자가면역질환

딱 적당하게 - 건강

한 권사님이 류마티스 관절염이 있으셨습니다. 자가면역질환입니다. 면역이 너무 강해서 자기 몸을 공격하는 병입니다. 동시에 유방암 진단도 받으셨습니다.

"목사님, 이게 무슨 일이에요? 면역이 강해서 류마티스가 생긴 건데, 동시에 면역이 약해서 암도 생겼어요?"

권사님, 면역의 균형이 깨진 겁니다.

면역이 잘못된 곳을 공격하고 (류마티스), 정작 공격해야 할 곳은 놓치고 (암).

"어떻게 해야 하나요?"

면역의 균형을 맞춰야 합니다. NK세포를 포함한 전체 면역 시스템을 조화롭게 만들어야 합니다.

권사님이 통합적 접근을 하기 시작했습니다:

- 병원 치료 (유방암 수술, 류마티스 약)
- 생활 습관 개선 (수면, 운동, 식단)
- 스트레스 관리 (말씀 묵상, 기도)
- 염증 감소 (항염증 식단)

서서히 균형이 맞춰지기 시작했습니다.

유방암은 잘 치료되었고, 류마티스도 안정되었습니다.

"목사님, 몸의 균형이 중요하다는 걸 배웠어요. 너무 강해도, 너무 약해도 안 되고, 딱 적당해야 해요."

"너희 관용을 모든 사람에게 알게 하라"(빌립보서 4:5).

관용, 절제, 균형. 이것이 건강의 비결입니다.

3. NK세포는 우리 몸의 수호천사

6장을 정리하면서 다시 한 번 놀랍니다.

NK세포는

24시간 쉬지 않고 순찰합니다.

암세포를 정확하게 인식합니다.

죽음의 키스로 파괴합니다.

단 5분 만에 제거합니다.

바이러스 감염 세포도 제거합니다.

면역 체계 전체를 조절합니다.

이 모든 것이 지금 이 순간에도 우리 몸속에서 일어나고 있습니다.

우리가 자는 동안에도,

밥 먹는 동안에도,

기도하는 동안에도,
일하는 동안에도,
NK세포는 쉬지 않고 우리를 지킵니다.

한 집사님이 이렇게 고백하셨습니다.

"목사님, NK세포를 배우고 나니까 제 몸이 얼마나 정교하게 만들어졌는지 알겠어요. 하나님이 정말 세밀하게 저를 지으셨구나! 감사해요."

"주께서 내 내장을 지으시며 나의 모태에서 나를 만드셨나이다. 내가 주께 감사하옴은 나를 지으심이 심히 기묘하심이라. 주께서 하시는 일이 기이함을 내 영혼이 잘 아나이다"(시편 139:13-14).

우리 몸은 기묘하게 지어졌습니다. NK세포는 그 증거입니다.

하나님께 감사합시다. 우리 몸에 이런 놀라운 면역 시스템을 만들어 주셔서 감사합니다.

그리고 우리의 책임도 있습니다. 이 NK세포를 잘 관리해야 합니다.

제7장

NK세포는 어떻게 생성되고 활성화되는가?

1. NK세포의 탄생과 성숙

"목사님, NK(Natural Kller Cell-자연살해세포, 선천면역)세포는 어디서 만들어지나요?"

한 집사님이 물으셨습니다. NK세포가 어디서 오는지, 어떻게 우리 몸에 있게 되는지 궁금하다고 하셨습니다.

골수에서 만들어집니다.

"골수요?"

네, 뼈 속 골수에서 모든 혈액 세포가 만들어집니다. 우리 몸의 뼈, 특히 큰 뼈들(대퇴골, 골반뼈, 흉골 등) 속에는 골수가 있습니다. 이 골수가 바로 혈액 세포 공장입니다.

골수에서 만들어지는 세포들

- 적혈구 - 산소를 운반합니다

- 백혈구 - 면역을 담당합니다

- 혈소판 - 지혈을 담당합니다

NK세포는 면역세포의 한 종류입니다.

"어떻게 만들어지나요?"

조혈모세포에서 시작합니다.

조혈모세포(Hematopoietic Stem Cell)는 만능 세포입니다. 이 세포가 여러 종류의 혈액 세포로 분화할 수 있습니다.

(1) 조혈모세포의 여정

1단계: 조혈모세포

- '나는 뭐가 될까?'

2단계: 골수계 vs 림프계로 분화

- 골수계 → 적혈구, 혈소판, 일부 백혈구
- 림프계 → T세포, B세포, NK세포

3단계: NK세포 전구세포

- "나는 NK세포가 될 거야!"

4단계: 미성숙 NK세포

- 아직 전투력이 없습니다
- 훈련이 필요합니다

5단계: 성숙 NK세포
- 전투 준비 완료!
- 혈액으로 배출됩니다

이 과정이 골수에서 일어납니다.

"얼마나 걸려요?"

약 2주 정도 걸립니다.

조혈모세포에서 성숙한 NK세포가 되기까지 약 14일이 필요합니다. 그리고 놀라운 것은, 이 과정이 매일 일어난다는 겁니다! 매일 새로운 NK세포가 만들어집니다. 늙은 NK세포는 죽고, 새로운 NK세포가 보충됩니다.

"목사님, 그럼 제 NK세포는 계속 새로워지는 거네요?"

맞습니다. 2주 전의 NK세포와 지금의 NK세포는 다릅니다.

NK세포의 수명은 약 1-2주입니다. 짧습니다. 그래서 계속 새로 만들어져야 합니다.

한 장로님이 계셨습니다. 위암 수술 후 항암 치료를 받으셨는데, 백혈구 수치가 많이 떨어졌습니다.

"목사님, 백혈구가 너무 낮아서 항암을 못 한대요. 어떡해요?"

장로님, 골수가 백혈구를 만들고 있습니다. 잘 먹고 잘 쉬면 회복됩니다.

"정말요?"

네, 골수는 계속 일합니다. 지금은 항암제 때문에 억제되었지만, 항암이 끝나면 다시 만들어집니다.

2주 후, 장로님의 백혈구 수치가 올라왔습니다.

"목사님, 백혈구가 회복됐대요! 골수가 열심히 만들어줬나 봐요."

할렐루야! 하나님이 우리 몸에 회복 능력을 주셨습니다.

골수를 건강하게 유지하는 것이 중요합니다:

충분한 영양 – 특히 단백질, 철분, 비타민 B12, 엽산

충분한 수면 – 골수가 밤에 더 활발하게 일합니다

스트레스 관리 – 스트레스는 골수 기능을 억제합니다

적당한 운동 – 혈액순환이 좋아지면 골수도 활성화됩니다

(2) NK세포의 성숙 과정

"목사님, NK세포가 골수에서 나온 후에는 어떻게 되나요?"

성숙 과정을 거칩니다.

골수에서 갓 나온 NK세포는 아직 미숙합니다. 마치 갓 군에 입대한 신병처럼, 훈련이 필요합니다.

1단계: 혈액으로 이동

- 골수에서 혈액으로 나옵니다
- 혈관을 따라 온몸을 돌아다닙니다

2단계: 표면 수용체 발달

- NK세포 표면에 수용체가 발달합니다
- 활성화 수용체 – '공격하라!'는 신호를 받습니다

- 억제 수용체 - '멈춰라!'는 신호를 받습니다
이 두 수용체의 균형이 중요합니다.

3단계: 무기 장착

- 퍼포린(Perforin)을 만듭니다
- 그랜자임(Granzyme)을 만듭니다
- 사이토카인(Cytokine)을 만듭니다

이제 전투 준비가 됩니다.

4단계: 실전 훈련

- 몸속을 돌아다니며 세포들을 만납니다
- 정상세포와 이상 세포를 구별하는 법을 배웁니다
- "이건 공격, 이건 통과"를 판단합니다

5단계: 완전 성숙

- 이제 독립적으로 일할 수 있습니다
- 암세포를 발견하면 즉시 공격합니다

"얼마나 걸려요?"
며칠에서 1주일 정도 걸립니다.
골수에서 생성 2주 + 성숙 과정 1주 = 약 3주
3주면 새로운 전투 준비된 NK세포가 탄생합니다.

한 권사님이 유방암 수술 후 면역력이 많이 떨어졌습니다.
"목사님, 의사 선생님이 면역력이 너무 낮다고 하셨어요.

회복될까요?"

권사님, 지금부터 잘 관리하면 3주 안에 좋아질 수 있습니다.

"3주요?"

네, 새로운 NK세포가 만들어지는 데 3주 정도 걸립니다. 잘 먹고, 잘 자고, 스트레스 관리하면 건강한 NK세포가 많이 만들어질 겁니다.

권사님이 그렇게 하셨습니다:

- 고단백 식사
- 밤 10시 취침
- 감사 기도
- 가벼운 산책

3주 후, 혈액 검사를 했는데 백혈구와 NK세포 수치가 많이 올라왔습니다.

"목사님, 정말 3주 만에 좋아졌어요! 신기해요!"

하나님이 우리 몸에 회복 능력을 주셨습니다.

2. NK세포를 활성화시키는 요인들

"목사님, NK세포가 많이 있는 것도 중요하지만, 활성화되는 것도 중요하다고 하셨죠?"

정확합니다.

NK세포가 100개 있어도 10개만 일하면 의미가 없습니다.

NK세포가 50개 있어도 50개 모두 일하면 훨씬 효과적입니다.

그래서 NK세포 활성도가 중요합니다.

"어떻게 활성화시키나요?"

여러 가지 방법이 있습니다.

(1) **사이토카인**(Cytokine)

"목사님, 사이토카인이 뭐예요?"

면역세포들이 서로 소통하고 협력하기 위해 주고받는 신호 전달물질 역할을 하는 단백질입니다.

사이토카인은 면역세포의 언어입니다. 세포들이 이것으로 소통합니다.

'적이 나타났다!'

'도움이 필요하다!'

'공격 개시!'

'철수하라!'

이런 메시지를 사이토카인으로 전달합니다.

NK세포를 활성화시키는 주요 사이토카인

① IL-2 (인터루킨:Interleukin-2)

'NK세포야, 증식해라! 강해져라!'

T세포가 분비합니다. NK세포가 이 신호를 받으면:

- 수가 증가합니다
- 더 강해집니다
- 더 오래 삽니다

실제로 암 치료에 IL-2를 주사하기도 합니다. NK세포를 활성화시키기 위해서입니다.

② IL-12 (인터루킨-12)

'NK세포야, 전투 모드로 전환해라!'

수지상세포와 대식세포가 분비합니다. NK세포가 이 신호를 받으면:

- 암세포를 더 잘 죽입니다
- IFN-γ를 더 많이 분비합니다

③ IL-15 (인터루킨-15)

'NK세포야, 생존해라!'

다양한 세포가 분비합니다. NK세포가 이 신호를 받으면:

- 수명이 늘어납니다
- 계속 활동할 수 있습니다

IL-15는 NK세포의 생존에 가장 중요한 사이토카인입니다.

④ IFN-γ (인터페론:Interferon 감마)

'바이러스다! 모두 경계하라!'

NK세포 자신도 IFN-γ를 분비합니다. 그리고 이것이 다른 면역세포를 활성화시킵니다.

"목사님, 그럼 우리가 이 사이토카인을 어떻게 늘려요?"

자연스럽게 늘릴 수 있습니다.

⑤ **TNF(종양괴사인자:Tumor necrosis factor)**

암세포를 사멸 유도합니다.

⑥ **사이토카인을 늘리는 방법**

첫째, 운동과 식품과 수면

운동 - 운동하면 IL-2, IL-15가 증가합니다

발효식품 - 장내 세균이 사이토카인 생성을 돕습니다

버섯 - 베타글루칸이 IL-12를 증가시킵니다

충분한 수면 - 수면 중에 사이토카인이 많이 분비됩니다

한 집사님이 NK세포 활성도가 낮아서 고민하셨습니다.

"목사님, 어떻게 하면 NK세포를 활성화할 수 있을까요?"

운동하고, 발효식품 드시고, 버섯 드세요. 그러면 사이토카인이 증가해서 NK세포가 활성화됩니다.

3개월 후, 집사님이 다시 검사를 받았는데 NK세포 활성도가 많이 올라갔습니다.

"목사님, 정말 올라갔어요! 사이토카인이 NK세포를 깨운 거네요!"

(2) 운동과 체온

"목사님, 운동이 NK세포를 활성화시킨다고요?"

네, 강력하게 활성화시킵니다!

연구 결과가 놀랍습니다:

30분 중강도 운동 → NK세포 수 50% 증가!

운동하면 즉시 NK세포가 증가합니다.

- 심장이 빨리 뜁니다
- 혈액 순환이 빨라집니다
- NK세포가 혈관을 따라 빠르게 이동합니다
- 조직으로 들어갔던 NK세포가 혈액으로 나옵니다

그래서 운동 직후 혈액 검사를 하면 NK세포가 많이 나옵니다.

하지만 너무 심한 운동은 역효과입니다.

마라톤 같은 극심한 운동 → NK세포 감소

왜냐하면 몸이 너무 지쳐서 스트레스 호르몬이 나오기 때문입니다.

적당한 운동이 최고입니다:

걷기 - 하루 30분, 빠르게

조깅 - 숨이 약간 찰 정도

수영 - 주 3회, 30분씩

자전거 - 평지에서 편하게

요가/스트레칭 - 부드럽게

"목사님, 암 환자도 운동해야 하나요?"

네, 반드시 해야 합니다. 단, 무리하지 마세요.

한 장로님이 전립선암 수술 후 누워만 계셨습니다.

"목사님, 몸이 힘들어서 운동을 못 하겠어요."

장로님, 5분만 걸으세요. 집 앞을 천천히.

"5분이요? 그것도 힘든데..."

그럼 3분만이라도.

장로님이 3분 걷기를 시작했습니다. 다음 날 5분, 그다음 날 7분...한 달 후에는 20분을 걸으셨습니다.

"목사님, 운동하고 나니까 기분도 좋고, 잠도 잘 오고, 식욕도 생겨요!"

그리고 체온도 중요합니다.

체온 1도 상승 → 면역력 5배 증가!

체온 1도 하강 → 면역력 30% 감소!

NK세포는 따뜻한 환경을 좋아합니다.

정상 체온: 36.5-37도

많은 현대인이 저체온입니다. 35도대. 이러면 NK세포가 활동이 둔해집니다.

① 체온을 올리는 방법:

운동 - 근육이 열을 냅니다

족욕 - 매일 저녁 15분

따뜻한 차 - 생강차, 대추차

따뜻한 음식 - 찬 음식 피하기

한 권사님이 손발이 항상 차가우셨습니다. 체온을 재보니 35.3도.

권사님, 체온이 너무 낮습니다. 올려야 해요.

매일 족욕을 시작했습니다. 그리고 생강차를 마셨습니다.

2개월 후 체온이 36.7도로 올라갔습니다.

"목사님, 몸이 따뜻해지니까 감기도 안 걸리고, 피로도 덜 해요!"

(3) 영양소와 식품

"목사님, NK세포에 좋은 음식이 뭐예요?"

여러 가지가 있습니다. 먹는 것이 약입니다.

① 버섯 - 베타글루칸의 보고

버섯에는 베타글루칸이 풍부합니다. 이것이 NK세포를 직접 자극합니다.

표고버섯 - 가장 흔하고 효과 좋음
영지버섯 - 전통 한약재
상황버섯 - 항암 효과 탁월
차가버섯 - 시베리아의 보물
느타리, 팽이버섯 - 저렴하고 효과적

"하루에 얼마나 먹어요?"

말린 버섯 기준 10-15g 정도면 충분합니다.

한 집사님은 매일 아침 표고버섯 국을 끓여 드십니다.

"목사님, 버섯 먹기 시작하고 나서 감기도 안 걸리고, 몸이 가벼워요."

② 발효식품

장에는 면역세포의 70%가 있습니다.
장이 건강해야 NK세포도 강해집니다.

김치 – 한국의 슈퍼푸드
된장 – 발효 콩의 힘
요구르트 – 유산균 보충
청국장 – 강력한 발효식품

"왜 발효식품이 좋아요?"
유산균이 장 건강을 돕고, 장이 사이토카인을 분비하기 때문입니다.

③ 비타민 D – 햇빛 비타민

비타민 D가 부족하면 NK세포 활성도가 떨어집니다.
햇빛 – 하루 15–20분 노출
등푸른 생선 – 고등어, 연어
계란 노른자
비타민 D 보충제

한국인의 90%가 비타민 D 부족입니다!
"목사님, 저도 비타민 D가 부족하대요."
햇빛을 쬐세요. 그리고 생선을 자주 드세요."

④ 오메가-3 지방산 - 염증을 잡는다

염증이 많으면 NK세포가 약해집니다. 오메가-3는 염증을 줄입니다.

등푸른생선 - 일주일에 3회

들기름

호두, 아몬드

⑤ 항산화 영양소 - 세포를 보호한다

비타민 C - 과일, 채소

비타민 E - 견과류

셀레늄 - 마늘, 브라질넛

아연 - 굴, 소고기

(한 권사님의 NK세포 강화 식단)

아침:

- 표고버섯 된장국
- 현미밥
- 김치
- 계란

점심:

- 고등어구이
- 시금치 나물
- 김치
- 현미밥

저녁:
- 청국장찌개
- 채소 샐러드
- 김치
- 현미밥

간식:
- 견과류 한 줌
- 과일

"목사님, 이렇게 먹으니까 몸이 정말 좋아요. NK세포 검사도 좋게 나왔어요!"

(4) **수면과 스트레스 관리 - 마음이 편해야 몸이 건강하다**
"목사님, 잠이 NK세포와 무슨 관계가 있어요?"
아주 큰 관계가 있습니다.
수면 중에:
- NK세포가 가장 활발하게 일합니다
- 새로운 NK세포가 만들어집니다
- 사이토카인이 분비됩니다

하루 6시간 미만 수면 → NK세포 활성도 30% 감소!

하루 7-8시간 수면 → NK세포 활성도 정상 유지!

특히 밤 10시-새벽 2시가 골든타임입니다.

한 장로님이 평생 수면 부족이셨습니다.

"목사님, 저는 4-5시간만 자도 괜찮아요."

그런데 간암 진단을 받으셨습니다.

"장로님, 이제부터는 밤 10시에 주무세요. 최소 7시간은 자야 합니다."

처음에는 힘들어하셨습니다. 하지만 3주 후 익숙해졌습니다.

"목사님, 충분히 자고 나니까 몸이 다릅니다. 머리도 맑고, 피로도 덜하고..."

그리고 스트레스 관리도 중요합니다.

스트레스 → 코르티솔 분비 → NK세포 억제!

만성 스트레스는 NK세포의 최대 적입니다.

① 스트레스 관리 방법:

감사 기도 - 매일 아침, 저녁

7-7-7 호흡 - 하루 3회

말씀 묵상 - 10분이라도

자연 속 산책 - 주 2-3회

웃음 - 가능한 자주

좋은 사람들과 교제

"목사님, 암 환자가 어떻게 스트레스 안 받아요?"

그 마음 이해합니다. 하지만 스트레스를 관리하지 않으면 NK세포가 약해집니다.

한 집사님이 대장암 진단 후 매일 불안해하셨습니다.

"목사님, 잠을 못 자겠어요. 걱정 때문에..."

"집사님, 자기 전에 감사 기도 10가지를 하세요."

"암 환자가 뭘 감사해요?"

"억지로라도 찾으세요."

집사님이 시작했습니다:

오늘 살아있어서,
가족이 있어서,
병원이 있어서,
밥을 먹을 수 있어서,
걸을 수 있어서...

일주일 후:

"목사님, 감사 기도 하고 나니까 마음이 편해져요. 잠도 좀 와요."

한 달 후 NK세포 활성도를 검사했는데 올라가 있었습니다.

"감사하니까 스트레스가 줄고, 스트레스가 줄어니까 NK세포가 강해진 거예요!"

3. NK세포의 활성도 검사의 의미

"목사님, NK세포 활성도 검사가 뭐예요?"

"NK세포가 얼마나 잘 일하는지 측정하는 검사입니다."

NK세포 숫자도 중요하지만, 더 중요한 것은 활성도입니다.

NK세포 100개 있는데 10개만 일하는 사람 vs
NK세포 50개 있는데 50개 다 일하는 사람

누가 더 건강할까요? 당연히 후자입니다.

(1) NK세포 활성도 검사 방법

1. 혈액 채취
2. NK세포 분리
3. 암세포와 함께 배양
4. NK세포가 암세포를 얼마나 죽이는지 측정

결과:

- 높음 (40% 이상) - 우수
- 보통 (20-40%) - 정상
- 낮음 (20% 미만) - 주의 필요
- 매우 낮음 (10% 미만) - 위험

"목사님, 제 NK세포 활성도가 15%래요. 낮은 거죠?"

"네, 개선이 필요합니다."

"어떻게 해요?"

"지금까지 배운 것들을 실천하세요."

(2) NK세포 활성도를 높이는 실천

매일 30분 운동

밤 10시 취침, 7-8시간 수면

버섯, 발효식품 섭취

비타민 D 보충

스트레스 관리 - 감사 기도

체온 유지 - 족욕

3개월 후 다시 검사하세요.

한 권사님이 처음 검사했을 때 NK세포 활성도가 12%였습니다.

"목사님, 이거 너무 낮은 거 아니에요?"

"낮습니다. 하지만 올릴 수 있습니다."

권사님이 철저하게 실천했습니다:

- 매일 아침 6시 기상, 감사 기도
- 매일 40분 걷기
- 표고버섯 매일 섭취
- 김치, 된장 매일
- 밤 10시 취침
- 족욕 매일

3개월 후 재검사: 35%

6개월 후 재검사: 42%

"목사님! 42%래요! 우수래요!"

"할렐루야! 권사님이 열심히 실천한 결과입니다."

(3) NK세포 활성도 검사

현재 면역 상태를 알 수 있습니다

암 위험도를 평가할 수 있습니다

생활 습관 개선의 효과를 확인할 수 있습니다

재발 위험도를 예측할 수 있습니다

정기적으로 검사하면 좋습니다:

건강한 사람 - 1년에 1회

암 환자 - 3개월에 1회

암 치료 중 - 치료 전후로

"목사님, 이 검사 비싸지 않아요?"

"네, 좀 비쌉니다. 10-20만원 정도 합니다."

하지만 자신의 면역 상태를 아는 것은 중요합니다. 숫자로 확인할 수 있으니 동기부여도 됩니다.

"지난번보다 10% 올랐네! 더 열심히 해야지!"

제8장

NK세포가 약해지는 이유

1. 현대인의 NK세포 위기

"목사님, 저 NK세포 검사 결과 받았는데요... 수치가 정상보다 많이 낮대요."

한 집사님이 걱정스러운 얼굴로 말씀하셨습니다. 50대 초반인데 최근 몸이 자주 아프고 피곤하다고 했습니다.

"언제부터 그러셨어요?"

글쎄요... 2년 전부터요? 회사에서 부장으로 승진하고 나서부터 정신없이 바빴거든요. 밤 12시 전에 집에 들어간 적이 거의 없어요.

주무시는 건 몇 시간쯤?

"4-5시간요? 잠이 부족한 건 아는데 할 일이 너무 많아서요. 스트레스도 엄청 받고요. 그래서 술도 자주 마시게 되고…"

이 집사님의 이야기가 특별한 게 아닙니다. 본부에 오시는 암 환우분들 중 상당수가 비슷한 패턴을 보입니다.

NK세포 검사를 해보면 대부분 수치가 낮습니다. 정상인의 절반도 안 되는 경우가 많습니다.

왜 이렇게 NK세포가 약해진 걸까요? 그 이유를 지금부터 하나씩 살펴보겠습니다.

2. NK세포를 억제하는 7가지 요인

여러 연구 결과를 종합하면 NK세포를 약하게 만드는 주요 요인이 7가지 있습니다. 하나씩 살펴보겠습니다.

(1) 만성 스트레스와 코르티솔

"목사님, 스트레스 받으면 암에 걸린다는 게 사실인가요?"

과학적으로 증명된 사실입니다.

스트레스를 받으면 우리 몸에서 코르티솔이라는 호르몬이 나옵니다. 이것을 스트레스 호르몬이라고 부릅니다.

원래 코르티솔은 나쁜 게 아닙니다. 위험한 상황에서 우리 몸을 보호하기 위해 만들어집니다. 순간적으로 힘을 내야 할 때 필요한 호르몬입니다.

예를 들어볼까요? 옛날 사람들이 숲에서 호랑이를 만났다고 상상해보세요. 그 순간 코르티솔이 확 올라갑니다. 심장이 빨리 뛰고, 근육에 힘이 들어가고, 정신이 또렷해집니다. 도망치거나 싸우기 위해서죠.

그런데 문제는 만성 스트레스입니다.

현대인들은 호랑이를 만나지 않습니다. 대신 매일매일 작은 스트레스를 받습니다. 직장 상사, 고객 불만, 마감 시간, 재정 문제, 가정 갈등...

이런 스트레스가 매일 계속되면 코르티솔이 계속 높은 상태로 유지됩니다.

"그럼 뭐가 문제인가요?"

코르티솔이 NK세포를 직접 억제합니다.

2015년 미국 오하이오 주립대학 연구팀이 발표한 논문을 보면 만성 스트레스를 받는 사람들의 NK세포 활성도가 정상인보다 40-50% 낮았다고 합니다.

왜 그럴까요? 코르티솔은 면역 시스템을 억제하기 때문입니다. 단기적으로는 문제없습니다. 하지만 장기적으로 높은 코르티솔 상태가 유지되면 NK세포가 약해집니다.

"그럼 스트레스를 안 받으면 되는 거 아닌가요?"

맞습니다. 하지만 쉽지 않죠.

문제는 우리가 스트레스를 피할 수 없다는 겁니다. 현대 사회에서는 누구나 스트레스를 받습니다. 중요한 건 스트레스를 어떻게 관리하느냐입니다.

한 권사님이 물으셨습니다.

"목사님, 그럼 스트레스를 어떻게 관리해야 하나요?"

첫째, 기도하세요. 빌립보서 4장 6-7절에 이렇게 나와 있습니다. '아무 것도 염려하지 말고 다만 모든 일에 기도와 간구로, 너희 구할 것을 감사함으로 하나님께 아뢰라 그리하면 모든 지각에 뛰어난 하나님의 평강이 그리스도 예수 안에서 너희 마음과 생각을 지키시리라.' 기도는 스트레스를 줄이는 가장 좋은 방법입니다. 실제로 연구 결과도 있습니다. 규칙적으로 기도하는 사람들의 코르티솔 수치가 더 낮습니다.

둘째, 운동하세요. 규칙적인 운동은 스트레스 호르몬을 줄이고 엔돌핀을 증가시킵니다. 하루 30분만 걸어도 효과가 있습니다.

셋째, 충분히 자세요. 수면은 스트레스 회복의 핵심입니다. 이건 다음 섹션에서 자세히 다루겠습니다.

넷째, 긍정적인 관계를 유지하세요. 사랑하는 사람들과 시간을 보내면 스트레스가 줄어듭니다. 교회 공동체가 중요한 이유입니다.

(2) 수면 부족

"목사님, 저는 보통 5시간 정도 자는데... 그게 문제인가요?"

한 집사님이 조심스럽게 물으셨습니다.

"큰 문제입니다."

수면 부족은 NK세포를 약하게 만드는 가장 강력한 요인

중 하나입니다.

2015년 미국 캘리포니아 대학 연구팀이 흥미로운 실험을 했습니다. 건강한 성인들을 두 그룹으로 나눴습니다. 한 그룹은 7-8시간 자게 하고, 다른 그룹은 4시간만 자게 했습니다. 그리고 NK세포 활성도를 측정했습니다.

결과가 놀라웠습니다. 단 하루만 4시간 자도 NK세포 활성도가 70%나 떨어졌습니다. 거의 절반 이하로 줄어든 거죠.

더 놀라운 건 회복 속도입니다. 다시 충분히 자면 NK세포가 회복됩니다. 하지만 만성적으로 수면이 부족하면 NK세포가 계속 약한 상태로 유지됩니다.

"왜 잠을 안 자면 NK세포가 약해지나요?"

잠잘 때 우리 몸이 회복되기 때문입니다.

잠자는 동안 우리 몸에서는 놀라운 일들이 일어납니다. 손상된 세포가 복구됩니다. 새로운 면역세포가 만들어집니다. NK세포도 이때 재생되고 강화됩니다.

특히 깊은 수면(deep sleep) 단계가 중요합니다. 이때 성장호르몬이 분비되고 면역 시스템이 활성화됩니다. 하지만 수면 시간이 부족하면 깊은 수면 단계에 들어가지 못합니다.

"그럼 몇 시간을 자야 하나요?"

최소 7시간, 가능하면 8시간입니다. 그리고 중요한 건 언제 자느냐입니다. 밤 11시 전에 자는 게 좋습니다. 밤 10시부터 새벽 2시 사이가 성장호르몬 분비가 가장 활발한 시간입니다. 이 시간에 깊이 잠들어 있어야 합니다.

한 권사님이 말씀하셨습니다.

"저는 밤 1시에 자고 아침 9시에 일어나는데... 8시간은 자는데도 문제인가요?"

문제입니다. 수면 시간뿐 아니라 수면 타이밍도 중요합니다. 우리 몸은 생체 리듬이 있습니다. 해가 지면 자고 해가 뜨면 일어나도록 설계되어 있습니다. 이 리듬을 무시하면 수면의 질이 떨어집니다. 같은 8시간을 자도 밤 10시-아침 6시에 자는 것과 새벽 2시-아침 10시에 자는 것은 완전히 다릅니다.

(3) 낮은 체온

"목사님, 체온이 NK세포랑 무슨 상관인가요?"

한 집사님이 의아한 표정으로 물으셨습니다.

"아주 큰 상관이 있습니다."

정상 체온은 36.5-37도입니다. 하지만 요즘 많은 사람들이 35도대입니다. 이를 저체온증이라고 합니다.

일본 니가타 대학 연구팀의 연구를 보면 체온이 1도 떨어지면 면역력이 30% 감소한다고 합니다. NK세포 활성도도 마찬가지로 떨어집니다.

왜 그럴까요? NK세포는 따뜻한 환경을 좋아합니다. 체온이 낮으면 NK세포의 활동이 둔해집니다. 마치 추운 날씨에 사람이 움직이기 싫어지는 것처럼요.

"그럼 왜 체온이 낮아지나요?"

여러 이유가 있습니다. 첫째, 근육량이 적으면 체온이 낮아집니다. 근육은 열을 만드는 공장입니다. 근육이 적으면 열 생산이 적어집니다. 둘째, 운동 부족입니다. 운동하면 열이 나죠? 운동을 안 하면 열 생산이 줄어듭니다. 셋째, 차가운 음식을 많이 먹으면 체온이 떨어집니다. 아이스 커피, 냉면, 찬물... 이런 것들이 체온을 낮춥니다. 넷째, 스트레스입니다. 만성 스트레스는 혈액 순환을 나쁘게 만들어 체온을 낮춥니다.

한 권사님이 말씀하셨습니다.

"저 평소에 손발이 차가운데... 그것도 관련이 있나요?"

맞습니다. 손발이 차다는 건 혈액 순환이 안 된다는 뜻입니다. 중심 체온은 정상일 수 있지만 말초 혈액 순환이 안 되는 거죠. 이것도 NK세포에 좋지 않습니다. NK세포는 혈액을 타고 온몸을 돌아다닙니다. 혈액 순환이 안 되면 NK세포가 필요한 곳에 도달하지 못합니다.

"그럼 어떻게 해야 하나요?"

첫째, 근육을 만드세요. 운동, 특히 근력 운동을 하세요.

둘째, 따뜻한 음식을 먹으세요. 생강차, 대추차 같은 따뜻한 차를 자주 마시세요.

셋째, 족욕이나 반신욕을 하세요. 하루 20분씩 따뜻한 물에 발을 담그면 체온이 올라갑니다.

넷째, 배를 따뜻하게 하세요. 복대나 따뜻한 찜질팩을 배에 대세요. 배가 따뜻하면 전신 체온이 올라갑니다.

(4) 영양 불균형

"목사님, 요즘 사람들이 영양실조는 아니잖아요?"

한 집사님이 의아한 표정으로 말씀하셨습니다.

"겉으로는 그렇게 보입니다. 하지만 속을 들여다보면 다릅니다."

현대인들은 칼로리는 충분히 섭취합니다. 오히려 과잉입니다. 하지만 필수 영양소는 부족합니다. 이를 '숨은 영양실조'라고 합니다.

NK세포가 제대로 작동하려면 여러 영양소가 필요합니다. 비타민 D, 비타민 C, 아연, 셀레늄, 오메가-3... 이런 영양소들이 부족하면 NK세포가 약해집니다.

특히 문제가 되는 게 세 가지입니다.

첫째, 비타민 D 부족입니다. 한국인의 80% 이상이 비타민 D 부족 상태입니다. 왜 그럴까요? 햇빛을 안 쐬기 때문입니다. 실내에서만 생활하고, 밖에 나가도 자외선 차단제를 바르고... 비타민 D는 햇빛을 받아야 피부에서 만들어집니다. 하지만 요즘 사람들은 햇빛을 피합니다. 비타민 D가 부족하면 NK세포 활성도가 떨어집니다. 2010년 미국 하버드 의대 연구를 보면 비타민 D 수치가 낮은 사람들은 암 발생률이 2배 높았습니다.

둘째, 가공식품을 너무 많이 먹습니다. 라면, 햄버거, 피자, 과자... 이런 음식들은 칼로리는 높지만 영양소는 거의 없습니다. 오히려 우리 몸에서 영양소를 소모합니다. 이런 음식을 대사하려면 비타민과 미네랄이 필요하거든요. 결국 빈 칼로리만 채우고 필수 영양소는 고갈됩니다.

셋째, 채소와 과일을 안 먹습니다. 한국인의 평균 채소 섭취량이 권장량의 60% 수준입니다. 과일은 더 적습니다. 채소와 과일에는 항산화 물질이 풍부합니다. 이게 없으면 우리 몸에 산화 스트레스가 쌓입니다. 산화 스트레스는 NK세포를 손상시킵니다.

한 권사님이 물으셨습니다.

"그럼 비타민 보충제를 먹으면 되나요?"

도움은 됩니다. 하지만 완벽한 해결책은 아닙니다. 가장 좋은 건 음식으로 섭취하는 겁니다. 비타민 D는 생선, 계란 노른자, 버섯에 많습니다. 그리고 하루 15-20분 정도 햇빛을 쬐세요. 얼굴과 팔만 햇빛에 노출해도 충분합니다. 항산화 물질은 채소와 과일에서 얻으세요. 특히 색깔이 진한 채소가 좋습니다. 브로콜리, 당근, 토마토, 블루베리... 하루에 다섯 가지 색깔의 채소와 과일을 먹으세요. 그러면 필요한 항산화 물질을 충분히 얻을 수 있습니다.

(5) 과도한 운동 또는 운동 부족

"목사님, 운동은 좋은 거 아닌가요?"

한 집사님이 의아한 표정으로 물으셨습니다.

좋습니다. 하지만 적당히 해야 합니다.

운동과 NK세포의 관계는 U자 곡선입니다. 운동을 안 해도 문제고, 너무 많이 해도 문제입니다. 적당히 해야 합니다.

먼저 운동 부족부터 보겠습니다.

운동을 전혀 안 하면 NK세포가 약해집니다. 2010년 영국 런던 대학 연구를 보면 규칙적으로 운동하는 사람들의 NK세포 활성도가 운동을 안 하는 사람들보다 40% 높았습니다.

왜 그럴까요? 운동하면 혈액 순환이 좋아집니다. NK세포가 온몸을 잘 돌아다닐 수 있습니다. 또 운동하면 스트레스가 줄어듭니다. 엔돌핀이 나와서 기분이 좋아지고 코르티솔이 감소합니다. 그리고 체온이 올라갑니다. 이 모든 게 NK세포에 좋습니다.

"그럼 운동을 많이 할수록 좋은 거 아닌가요?"

아닙니다. 과도한 운동은 오히려 해롭습니다.

마라톤 선수들을 연구한 논문이 있습니다. 풀코스 마라톤을 뛰고 나면 NK세포 활성도가 50-60% 떨어집니다. 그리고 회복되는 데 72시간이 걸립니다. 그 동안 면역력이 약해진 상태입니다. 실제로 마라톤 선수들이 감기에 잘 걸립니다.

왜 그럴까요? 과도한 운동은 우리 몸에 스트레스를 줍니다. 코르티솔이 올라갑니다. 산화 스트레스도 증가합니다. 이게 NK세포를 손상시킵니다.

"그럼 얼마나 해야 적당한가요?"

중강도 운동을 주 3-5회, 한 번에 30-40분 정도가 가장 좋습니다. 중강도 운동이란 숨이 약간 차지만 옆 사람과 대화할 수 있을 정도입니다. 빠르게 걷기, 자전거 타기, 수영, 등산 같은 거죠. 너무 격렬하지 않게, 규칙적으로 하세요. 그게 NK세포에 가장 좋습니다.

한 권사님이 말씀하셨습니다.

"저는 헬스장에서 1시간씩 운동하는데... 그건 괜찮나요?"

어떤 운동을 하시는데요?

"웨이트 트레이닝이요. 근력 운동인데요."

좋습니다. 근력 운동은 중요합니다. 근육을 만들면 체온이 올라가고 기초 대사량이 증가합니다. 하지만 매일 하지는 마세요. 주 3회 정도가 적당합니다. 근육이 회복될 시간을 주세요. 그리고 웨이트 트레이닝만 하지 말고 유산소 운동도 같이 하세요. 걷기나 자전거 타기를 추가하세요. 그러면 균형이 잡힙니다.

(6) 환경 독소

"목사님, 환경 독소가 뭔가요?"

한 집사님이 물으셨습니다.

우리 주변에 있는 해로운 화학 물질들입니다.

현대 사회는 수많은 화학 물질로 가득합니다. 공기 중의 미세먼지, 음식 속의 농약, 생활용품의 화학 첨가물... 이런 것들이 우리 몸에 쌓입니다.

문제는 이런 독소들이 NK세포를 약하게 만든다는 겁니다.

대표적인 게 몇 가지 있습니다.

첫째, 미세먼지입니다. 2018년 서울대 연구팀이 발표한 논문을 보면 미세먼지 농도가 높은 날에는 NK세포 활성도가

20-30% 떨어집니다. 미세먼지가 폐로 들어가서 염증을 일으킵니다. 이 염증이 온몸으로 퍼지면서 NK세포를 억제합니다. 미세먼지가 심한 날에는 외출을 자제하세요. 나가야 한다면 마스크를 꼭 쓰세요. 집에 들어와서는 손과 얼굴을 깨끗이 씻으세요.

둘째, 담배 연기입니다. 흡연자는 물론이고 간접흡연도 문제입니다. 담배 연기에는 7000가지가 넘는 화학 물질이 있습니다. 그중 70가지가 발암 물질입니다. 이런 물질들이 NK세포를 손상시킵니다. 연구를 보면 흡연자의 NK세포 활성도가 비흡연자보다 40% 낮습니다. 담배를 끊으세요. 그리고 간접흡연도 피하세요.

셋째, 농약과 식품 첨가물입니다. 요즘 식품에는 많은 화학 물질이 들어갑니다. 보존료, 착색료, 향료... 이런 것들이 우리 몸에 쌓입니다. 완전히 피할 수는 없지만 최소화할 수 있습니다. 가능하면 유기농 식품을 선택하세요. 가공식품을 줄이세요. 채소와 과일은 흐르는 물에 충분히 씻으세요.

넷째, 플라스틱입니다. 플라스틱 용기에 뜨거운 음식을 담으면 환경 호르몬이 녹아 나옵니다. 가능하면 유리나 도자기 용기를 사용하세요. 일회용 플라스틱 컵 대신 텀블러를 사용하세요."

한 권사님이 걱정스러운 표정으로 말씀하셨습니다.

"목사님, 그럼 우리가 이 세상에서 살 수 있나요? 온통 독소 천지인데..."

맞습니다. 완벽하게 피할 수는 없습니다. 하지만 최소화할 수 있습니다. 그리고 중요한 건 우리 몸의 해독 능력을 키우는 겁니다. 충분한 수면, 규칙적인 운동, 좋은 영양... 이런 것들이 우리 몸의 해독 능력을 높입니다. 완벽할 수는 없지만 최선을 다하세요. 하나님이 주신 몸을 잘 관리하는 게 우리의 책임입니다.

(7) 노화

"목사님, 나이 들면 어쩔 수 없는 거 아닌가요?"

한 집사님이 체념한 듯이 말씀하셨습니다.

부분적으로는 맞습니다. 하지만 전부는 아닙니다.

나이가 들면 NK세포가 약해지는 건 사실입니다. 60대의 NK세포 활성도는 20대의 절반 정도입니다.

왜 그럴까요? 여러 이유가 있습니다.

첫째, 흉선이 퇴화합니다. 흉선은 면역세포를 만드는 공장입니다. 나이가 들면 흉선이 작아집니다. 면역세포 생산이 줄어듭니다.

둘째, 만성 염증이 증가합니다. 나이가 들면 몸 곳곳에 염증이 생깁니다. 이를 '인플레임(aging)'이라고 합니다. 염증과 노화가 합쳐진 말입니다. 이 만성 염증이 NK세포를 억제합니다.

셋째, 산화 스트레스가 쌓입니다. 우리 몸은 매일 활성산소와 싸웁니다. 젊을 때는 항산화 능력이 강해서 잘 막아냅니다. 하지만 나이가 들면 항산화 능력이 떨어집니다. 활성산소가 쌓입니다. 이게 NK세포를 손상시킵니다.

"그럼 노화는 어쩔 수 없는 거네요?"

아닙니다. 늦출 수 있습니다.

연구를 보면 같은 나이라도 NK세포 활성도가 사람마다 크게 다릅니다. 어떤 70대는 20대만큼 NK세포가 강합니다. 어떤 40대는 60대만큼 NK세포가 약합니다.

차이가 뭘까요? 생활 습관입니다.

규칙적으로 운동하는 노인들의 NK세포가 운동하지 않는 젊은이들보다 강합니다. 잘 자고, 잘 먹고, 스트레스를 잘 관리하는 노인들의 NK세포가 그렇지 않은 젊은이들보다 강합니다. 나이는 숫자일 뿐입니다. 중요한 건 어떻게 사느냐입니다.

한 권사님이 말씀하셨습니다.

"저희 어머니가 올해 여든인데요... 아직도 정정하세요. 매일 아침 30분씩 걸으시고, 밤 10시면 주무시고... 그러니까 병원에 갈 일이 없어요."

바로 그겁니다. 생활 습관이 유전자보다 강합니다. 유전자는 바꿀 수 없지만 생활 습관은 바꿀 수 있습니다. 오늘부터 시작하세요. 10년, 20년 후의 여러분은 오늘 선택에 달려 있습니다."

제3부

영혼육과 건강
-전인적 치유의 관점

제9장

성경이 말하는 영혼육

1. 하나님은 사람을 어떻게 만드셨나요?

(한 집사님의 질문)

"목사님, 궁금한 게 있어요."

수요 기도회가 끝나고 한 집사님이 다가오셨습니다. 40대 중반인데 최근 유방암 진단을 받으셨습니다.

목사님께서 지난 몇 주 동안 NK세포 이야기를 많이 하셨잖아요. 운동하고, 잘 먹고, 잘 자고, 스트레스 관리하고... 다 이해가 됩니다. 그런데요.

"네, 말씀하세요."

그게 다 육체적인 이야기잖아요. 그런데 우리는 크리스천이잖아요. 영적인 부분은 어떻게 되는 건가요? 기도하고 성경 읽는 게 암 치유와 무슨 관계가 있나요?

정말 좋은 질문입니다. 많은 분이 이런 의문을 가지십니다.

집사님, 아주 중요한 질문입니다. 오늘은 그 이야기를 해보겠습니다.

그날 저녁, 본부 강의실에서 특별 강의를 했습니다. 주제는 '성경이 말하는 영혼육'이었습니다.

"여호와 하나님이 땅의 흙으로 사람을 지으시고 생기를 그 코에 불어넣으시니 사람이 생령이 되니라"(창세기 2:7).

이 한 성경구절에 엄청난 비밀이 숨어 있습니다.

강의실에 있던 30여 명의 분들이 집중했습니다.

하나님이 사람을 어떻게 만드셨나요? 두 단계로 만드셨습니다. 첫째, 땅의 흙으로 사람을 지으셨습니다. 이것이 육체입니다. 둘째, 생기를 불어넣으셨습니다. 히브리어로 '네샤마'입니다. 이것이 영입니다. 그런데 결과가 뭐라고 했나요? '사람이 생령이 되니라.' 히브리어로 '네페쉬 하야'입니다. 살아있는 혼이 되었다는 뜻입니다.

한 권사님이 손을 들었습니다.

"목사님, 그럼 영과 혼이 같은 건가요, 다른 건가요?"

다릅니다. 그런데 밀접하게 연결되어 있습니다.

칠판에 그림을 그렸습니다. 세 개의 동심원을 그렸습니다.

가장 안쪽이 영입니다. 하나님과 교제하는 부분입니다. 가운데가 혼입니다. 생각, 감정, 의지입니다. 바깥쪽이 육입니다. 물리적 몸입니다. 이 세 부분이 하나로 연결되어 있습니다. 분리할 수 없습니다. 사람은 영혼육이 하나 된 존재입니다.

(1) 성경이 말하는 삼분설

성경 여러 곳에서 사람을 영, 혼, 육 세 부분으로 설명합니다.

"평강의 하나님이 친히 너희를 온전히 거룩하게 하시고 또 너희의 온 영과 혼과 몸이 우리 주 예수 그리스도께서 강림하실 때에 흠 없게 보전되기를 원하노라"(데살로니가전서 5:23).

영과 혼과 몸, 세 가지를 구분하고 있습니다.

"하나님의 말씀은 살아 있고 활력이 있어 좌우에 날선 어떤 검보다도 예리하여 혼과 영과 및 관절과 골수를 찔러 쪼개기까지 하며 또 마음의 생각과 뜻을 판단하나니"(히브리서 4:12).

혼과 영을 구분하고 있습니다. 쪼갤 수 있다는 건 다르다는 뜻입니다.

한 장로님이 물으셨습니다.
"목사님, 그럼 정확히 뭐가 다른가요?"
좋은 질문입니다. 하나씩 살펴보겠습니다.

(2) 영(Pneuma): 하나님과 교제하는 부분

"영은 그리스어로 '프뉴마'입니다. 바람, 호흡이라는 뜻입니다. 영은 하나님을 인식하고 하나님과 교제하는 부분입니다. 동물에게는 없고 사람에게만 있습니다."

"하나님은 영이시니 예배하는 자가 영과 진리로 예배할지니라"(요한복음 4:24).

하나님은 영이십니다. 그래서 우리도 영으로 하나님을 예배합니다. 육체의 눈으로는 하나님을 볼 수 없습니다. 영의 눈으로 봅니다.

한 집사님이 물었습니다.

"목사님, 그럼 영이 건강하다는 건 뭔가요?"

영이 살아있고 하나님과 교제가 원활하다는 뜻입니다. 사람이 타락하기 전에는 영이 살아 있었습니다. 하나님과 자유롭게 대화했습니다. 에덴동산에서 하나님이 거니실 때 아담과 하와가 하나님을 만났습니다. 그런데 죄를 지은 후 영이 죽었습니다. 하나님과 단절되었습니다. 영적으로 죽은 상태가 되었습니다.

"그는 허물과 죄로 죽었던 너희를 살리셨도다"(에베소서 2:1).

육체적으로는 살아 있었지만 영적으로는 죽어 있었습니다. 그런데 예수님을 믿으면 영이 다시 살아납니다. 거듭납니다.

"육으로 난 것은 육이요 영으로 난 것은 영이니"(요한복음 3:6).

거듭난다는 건 영이 다시 살아난다는 뜻입니다. 하나님과의 교제가 회복됩니다. 그러면 영이 건강해집니다. 기도가 되고, 말씀이 들어오고, 성령의 음성을 듣게 됩니다.

한 권사님이 손을 들었습니다.

"목사님, 저는 거듭났는데 왜 기도가 안 되고 말씀이 안 들어올 때가 있나요?"

"좋은 질문입니다. 영이 살아있어도 힘이 약해질 수 있습니다. 운동을 안 하면 근육이 약해지듯이, 영도 훈련하지 않으면 약해집니다. 기도하지 않고, 성경 읽지 않고, 예배 안 드리면 영이 약해집니다. 세상 것에 빠지면 영이 어두워집니다. 반대로 매일 기도하고, 말씀 묵상하고, 예배드리고, 찬양하면 영이 강해집니다."

(3) 혼(Psuche): 생각, 감정, 의지

혼은 그리스어로 '프시케'입니다. 영어로는 soul이고, 여기서 psychology(심리학)이라는 단어가 나왔습니다. 혼은 세 가지로 구성됩니다. 생각(지성), 감정(감성), 의지(의성)입니다.

혼 = 생각 + 감정 + 의지

생각은 무엇을 이해하고 판단하는 능력입니다. 감정은 기쁨, 슬픔, 분노, 두려움 등을 느끼는 부분입니다. 의지는 결정하고 선택하는 능력입니다.

한 집사님이 물었습니다.

"목사님, 그럼 동물도 혼이 있나요?"

성경적으로는 있습니다. 창세기에서 동물을 만드실 때도 '생령'이라는 표현을 씁니다. 동물도 감정이 있고 어느 정도 의지가 있습니다. 하지만 사람의 혼은 다릅니다. 훨씬 복잡하고 고차원적입니다. 왜냐하면 영과 연결되어 있기 때문입니다. 사람의 혼은 영의 영향을 받습니다. 영이 건강하면 혼도 건강해집니다.

예를 들어볼까요?

영이 건강한 사람은 생각이 긍정적입니다. 하나님의 관점으로 생각합니다. 감정이 안정적입니다. 평안과 기쁨이 있습니다. 의지가 강합니다. 선한 것을 선택합니다.

반대로 영이 약한 사람은 생각이 부정적입니다. 세상적 관점으로만 봅니다. 감정이 불안정합니다. 염려와 두려움이 많습니다. 의지가 약합니다. 악한 것을 선택하기 쉽습니다.

"그래서 영의 건강이 중요합니다. 영이 건강해야 혼도 건강해집니다."

"너희는 이 세대를 본받지 말고 오직 마음을 새롭게 함으로 변화를 받아 하나님의 선하시고 기뻐하시고 온전하신 뜻이 무엇인지 분별하도록 하라."(로마서 12:2).

마음을 새롭게 한다는 건 혼을 변화시킨다는 뜻입니다. 생각을 바꾸고, 감정을 다스리고, 의지를 훈련하는 것입니다. 이것이 성화의 과정입니다. 영은 거듭나는 순간 완전해지지만, 혼은 평생에 걸쳐 변화되어야 합니다.

(4) 육(Soma): 물리적 몸

육은 그리스어로 '소마'입니다. 물리적인 몸을 말합니다. 우리가 지금까지 이야기한 NK세포, 면역 시스템, 건강 관리... 이것이 다 육체에 관한 것입니다.

한 장로님이 물으셨습니다.

"목사님, 그럼 육체는 영적이지 않은 건가요? 그냥 물질인가요?"

"아닙니다! 육체도 아주 중요합니다. 하나님이 만드신 걸작입니다."

"주께서 내 내장을 지으시며 나의 모태에서 나를 만드셨나이다. 내가 주께 감사하옴은 나를 지으심이 심히 기묘하심이라. 주께서 하시는 일이 기이함을 내 영혼이 잘 아나이다"(시편 139:13-14).

우리 몸은 기묘하게 지어진 하나님의 작품입니다. 단순한 물질이 아닙니다.

"너희 몸은 너희가 하나님께로부터 받은 바 너희 가운데 계신 성령의 전인 줄을 알지 못하느냐? 너희는 너희 자신의 것이 아

니라 값으로 산 것이 되었으니 그런즉 너희 몸으로 하나님께 영광을 돌리라"(고린도전서 6:19-20).

우리 몸은 성령의 전입니다. 거룩한 장소입니다. 그래서 육체를 잘 관리하는 것도 영적인 일입니다. 건강하게 먹고, 운동하고, 잘 자는 것이 하나님께 영광 돌리는 일입니다. 육체를 학대하거나 방치하는 것은 하나님의 전을 더럽히는 것입니다.

한 집사님이 물었습니다.

"목사님, 그럼 육체가 영과 혼에 영향을 미칠 수도 있나요?"

물론입니다! 서로 영향을 주고받습니다.

(5) 세 영역의 상호작용

영, 혼, 육은 따로 떨어져 있지 않습니다. 하나로 연결되어 서로 영향을 줍니다.

칠판에 세 개의 화살표를 그렸습니다.

영 → 혼 → 육

육 → 혼 → 영

양방향으로 영향을 줍니다. 예를 들어볼까요?

(6) 영이 혼과 육에 미치는 영향

"기도를 열심히 하면 어떻게 됩니까? 영이 강해집니다. 영이 강해지면 혼이 평안해집니다. 염려가 줄어들고, 기쁨이 생기고, 의지가 강해집니다. 혼이 평안해지면 육체도 건강해집니다. 스트레스가 줄어들고, 코르티솔이 낮아지고, NK세포가 활성화됩니다."

실제 사례를 하나 들어드리겠습니다.

본부에 오시는 한 집사님이 계십니다. 유방암 3기 진단을 받으셨습니다. 의사는 5년 생존율이 50%라고 했습니다.

처음에는 절망했습니다. 밤마다 울었습니다. 잠을 못 잤습니다. 식욕도 없었습니다. NK세포 검사를 했더니 정상의 30% 밖에 안 됐습니다.

그런데 본부에 오셔서 영적 훈련을 받으셨습니다. 매일 아침 30분 기도하기로 작정했습니다. 성경을 소리 내어 읽기 시작했습니다. 찬양을 들으며 출퇴근했습니다.

3개월이 지났습니다.

"목사님, 신기한 일이 생겼어요. 마음이 평안해졌어요. 밤에 잘 자게 되고, 식욕도 생기고, 힘이 나요."

NK세포 검사를 다시 했더니 정상의 70%까지 올라왔습니다.

"기도하니까 몸이 좋아지네요!"

이것이 영이 혼과 육에 미치는 영향입니다.

(7) 육이 혼과 영에 미치는 영향

반대 방향도 있습니다. 육체가 혼과 영에 영향을 줍니다. 밤을 새우면 어떻게 됩니까? 육체가 피곤합니다. 육체가 피곤하면 감정이 예민해집니다. 짜증이 나고, 우울해지고, 부정적으로 생각합니다. 혼이 약해집니다. 혼이 약해지면 기도가 안 됩니다. 말씀이 안 들어옵니다. 영적으로 무감각해집니다.

저도 경험했습니다. 목회 초기에 너무 열심히 했습니다. 하루에 4-5시간만 잤습니다. 새벽기도, 심방, 설교 준비, 상담... 쉬지 않고 일했습니다.

'하나님 일인데 당연하지' 생각했습니다.

그런데 6개월쯤 지나니 문제가 생겼습니다. 기도가 안 됐습니다. 설교 준비를 해도 은혜가 없었습니다. 짜증이 많이 났습니다. 아내한테도 화를 냈습니다.

'내가 왜 이러지?' 고민했습니다.

한 선배 목사님이 말씀하셨습니다.

자네, 육체를 혹사하고 있네. 하나님이 주신 몸을 학대하면 안 되네. 잘 자고, 잘 먹고, 운동도 해야지.

그때부터 바꿨습니다. 매일 7시간 자기로 했습니다. 일주일에 하루는 완전히 쉬기로 했습니다. 운동도 시작했습니다.

신기하게도 기도가 다시 되기 시작했습니다. 설교 준비할 때 은혜가 왔습니다. 감정도 안정되었습니다.

육체가 건강해지니 혼이 평안해지고, 혼이 평안해지니 영이 살아났습니다.

이것이 육이 혼과 영에 미치는 영향입니다.

(8) 혼이 영과 육을 연결한다

혼은 중간에 있습니다. 영과 육을 연결하는 다리 역할을 합니다. 생각을 바꾸면 감정이 바뀝니다. 감정이 바뀌면 육체가 반응합니다.

예를 들어볼까요?

똑같은 암 진단을 받아도 반응이 다릅니다.

어떤 사람은 "이제 끝이다. 나는 죽는다"라고 생각합니다. 그러면 두려움과 절망이 옵니다. 감정이 무너집니다. 그러면 스트레스 호르몬이 올라가고, 면역력이 떨어지고, 실제로 몸이 나빠집니다.

어떤 사람은 "하나님이 허락하신 일이다. 하나님이 치유하실 것이다"라고 생각합니다. 그러면 평안과 소망이 옵니다. 감정이 안정됩니다. 그러면 스트레스 호르몬이 낮아지고, 면역력이 올라가고, 실제로 몸이 좋아집니다.

생각이 감정을 만들고, 감정이 육체를 변화시킵니다.

"그 마음의 생각이 어떠하면 그 위인도 그러한즉"(잠언 23:7).

마음의 생각이 그 사람을 만듭니다.

"육신의 생각은 사망이요 영의 생각은 생명과 평안이니라"(로마서 8:6).

무엇을 생각하느냐가 중요합니다. 영적인 생각을 하면 생명과 평안이 옵니다.

2. 통합적 건강

그렇다면 진정한 건강은 무엇일까요? 영, 혼, 육이 모두 건강한 상태입니다.

"사랑하는 자여 네 영혼이 잘됨 같이 네가 범사에 잘되고 강건하기를 내가 간구하노라"(요한삼서 1:2).

영혼이 잘되고, 몸이 강건한 것, 이것이 하나님이 원하시는 건강입니다. 영만 건강하고 육체가 병들면 안 됩니다. 육체만 건강하고 영이 죽어 있어도 안 됩니다. 세 영역이 모두 건강해야 합니다.

(1) 영을 건강하게 하려면

매일 기도하세요. 하나님과 대화하세요.

매일 성경을 읽고 묵상하시고 순종하세요. 그리고 하나님의 음성을 들으세요.

매일 예배드리세요. 하나님께 경배하세요.

찬양하세요. 영적 분위기를 만드세요.

금식하세요. 영적 감각을 깨우세요.

믿음의 형제자매들과 함께 교제하세요.

(2) 혼을 건강하게 하려면

생각을 바꾸세요. 부정적 생각을 긍정적 생각으로.

감정을 다스리세요. 감사와 기쁨을 선택하세요.

의지를 훈련하세요. 선한 것을 선택하는 연습을 하세요.
말씀 묵상으로 마음을 새롭게 하세요.
성령의 열매를 구하세요. 사랑, 희락, 화평...

(3) 육을 건강하게 하려면

충분히 주무세요. 하루 7-8시간.
균형 잡힌 식사를 하세요. 영양소를 골고루.
규칙적으로 운동하세요. 하루 30분.
스트레스를 관리하세요. 쉼과 회복의 시간을 가지세요.
환경 독소를 피하세요.
체온을 올리세요.
정기 검진을 받으세요.

(실천 사례 - 한 권사님의 통합적 회복)

본부에 오시는 한 권사님 이야기를 해드리겠습니다.

3년 전 대장암 3기 진단을 받으셨습니다. 수술하고 항암 치료를 받으셨습니다. 몸도 힘들었지만 마음이 더 힘들었습니다.

"왜 하필 나에게 이런 일이..." 하나님을 원망했습니다. 기도가 안 됐습니다. 성경을 펴도 눈에 안 들어왔습니다. 밤마다 불안과 두려움에 시달렸습니다.

그때 한부본 소식을 듣고 오셨습니다.

처음 몇 주는 그냥 앉아만 계셨습니다. 아무 말씀도 안 하셨습니다.

한 달쯤 지났을 때 조금씩 마음을 여셨습니다. 다른 분들의 간증을 들으면서 위로를 받으셨습니다.

"나만 힘든 게 아니구나. 다들 비슷한 아픔이 있구나."

그리고 영적 훈련을 시작하셨습니다.

① 매일 아침 30분 말씀 소리 내어 읽기와 기도하기.

매일 시편 한 장씩 소리 내어 읽고 기도하기.

② 매일 감사 제목 3가지 찾기.

3개월이 지났습니다.

마음이 조금씩 평안해졌습니다.

"하나님, 이 모든 것이 합력하여 선을 이루시는 줄 믿습니다."

그다음에는 혼의 훈련을 하셨습니다.

부정적 생각이 올라올 때마다 성경 구절로 대체하기.

두려움이 올 때마다 "하나님이 나와 함께하신다" 선포하기.

매일 웃기 연습하기.

다시 3개월이 지났습니다. 감정이 안정되었습니다.

"목사님, 요즘 잘 웃게 돼요. 예전에는 웃을 일이 없다고 생각했는데, 이제는 웃을 일이 많아요."

③ 마지막으로 육체 관리를 시작하셨습니다.

매일 30분 걷기.

항암 음식 챙겨 먹기.

7-8시간 수면.

체온 올리기 (족욕, 반신욕).

1년이 지났습니다.

정기 검진을 받으러 갔습니다. 의사가 CT를 보더니 놀랐습니다.

'권사님, 전이되었던 부분이 많이 작아졌어요. 거의 안 보일 정도예요.'

"감사합니다, 선생님."

'뭘 하셨어요? 특별한 치료라도 받으셨나요?'

"기도했습니다. 그리고 잘 먹고, 잘 자고, 운동했습니다."

의사가 고개를 끄덕였습니다.

'좋은 생활 습관이 정말 중요합니다. 계속 잘 관리하세요.'

지금 3년이 지났습니다. 재발하지 않으셨습니다. 완전 관해 상태입니다.

"목사님, 감사해요. 암이 복이 될 줄 몰랐어요. 이 병 때문에 하나님을 더 깊이 알게 됐어요. 건강의 소중함도 알게 됐고요."

이것이 영혼육이 통합적으로 회복된 사례입니다.

3. 하나님의 치유는 전인적이다

하나님의 치유는 부분적이지 않습니다. 전인적입니다. 영만 건강하게 하시는 게 아닙니다. 혼도, 육도 함께 건강하게 하십니다.

예수님의 사역을 보세요. 영혼을 구원하셨지만 동시에 몸의 병도 고치셨습니다.

"예수께서 온 갈릴리에 두루 다니사 그들의 회당에서 가르치시며 천국 복음을 전파하시며 백성 중의 모든 병과 모든 약한 것을 고치시니"(마태복음 4:23).

가르치시고(영), 전파하시고(혼), 고치셨습니다(육). 세 영역을 다 돌보셨습니다.

우리도 그래야 합니다.

기도만 하고 육체는 방치하면 안 됩니다.

운동만 하고 기도는 안 하면 안 됩니다.

생각만 긍정적으로 바꾸고 하나님을 떠나면 안 됩니다.

영, 혼, 육을 모두 돌봐야 합니다.

제10장

암세포와 죄의 속성 비교

1. 놀라운 깨달음

"목사님, 어젯밤에 기도하다가 이상한 생각이 들었어요."

수요 기도회 후 한 집사님이 조심스럽게 말씀을 꺼내셨습니다. 50대 초반인데 위암 2기로 항암 치료 중입니다.

무슨 생각이셨어요?

"암세포를 묵상하고 있었는데요... 갑자기 이게 죄랑 똑같다는 생각이 들었어요. 무섭게 똑같아요."

어떤 점에서요?

"암세포가 끝없이 증식하잖아요. 죄도 그래요. 한 번 시작하면 끝이 없어요. 그리고 암세포가 다른 곳으로 퍼지잖아요. 죄도 전염되잖아요. 한 사람의 죄가 가정 전체를, 교회 전체를 망가뜨리고..."

집사님의 눈이 촉촉해졌습니다.

"목사님, 제가 암에 걸린 게 우연이 아닌 것 같아요. 하나님이 저한테 뭔가 보여주시려고 이 병을 허락하신 것 같아요."

그날 저녁, 저는 오랫동안 기도했습니다. 집사님의 말씀이 계속 마음에 남았습니다.

'정말 그럴까? 암세포와 죄가 닮았을까?'

그리고 깨달았습니다. 놀라울 정도로 유사합니다. 마치 하나님이 우리에게 영적 진리를 육체로 보여주시는 것 같았습니다.

2. 암세포와 죄의 유사성

암세포와 죄를 비교해보겠습니다.

몇몇 분들이 의아한 표정을 지으셨습니다.

"목사님, 그게 무슨 관계가 있나요?"

여러분, 들어보시면 놀라실 겁니다. 암세포의 특성과 죄의 속성이 정확히 일치합니다.

무한증식 = 욕심의 끝없음

침투성 = 죄의 전염성

위장술 = 죄의 기만성

불멸성 = 죄의 고집

(1) 암세포의 무한 증식 = 욕심의 끝없음

"정상세포는 어떻게 분열합니까? 정해진 횟수만큼 분열하고 멈춥니다. 보통 50-70번 정도 분열하면 더 이상 분열하지 않습니다. 이것을 '헤이플릭 한계'라고 부릅니다. 왜 멈출까요? DNA 끝부분에 텔로미어라는 게 있습니다. 세포가 분열할 때마다 텔로미어가 짧아집니다. 어느 정도 짧아지면 '이제 그만 분열해'라는 신호가 옵니다. 이것이 정상입니다. 필요한 만큼만 분열하고 멈춥니다. 절제가 있습니다."

한 권사님이 물으셨습니다.

"그럼 암세포는요?"

"암세포는 다릅니다. 끝없이 분열합니다. 멈출 줄을 모릅니다."

"어떻게요?"

"텔로머라제라는 효소를 만듭니다. 이것이 텔로미어를 계속 복구합니다. 그래서 한계가 없어집니다. 영원히 분열할 수 있습니다. 필요한 만큼만 분열하는 게 아닙니다. 무한정 분열합니다. 온 몸을 암세포로 채울 때까지 멈추지 않습니다. 이게 뭐랑 똑같을까요?"

한 집사님이 대답하셨습니다.

"욕심이요!"

"정확합니다!"

"오직 각 사람이 시험을 받는 것은 자기 욕심에 끌려 미혹됨이니 욕심이 잉태한즉 죄를 낳고 죄가 장성한즉 사망을 낳느니

라"(야고보서 1:14-15).

욕심은 끝이 없습니다. 조금 채우면 만족할 것 같지만 절대 만족하지 못합니다. 더 원하고, 더 원하고, 더 원합니다. 돈이 그렇습니다. 백만 원 있으면 천만 원을 원합니다. 천만 원 있으면 억을 원합니다. 억이 있으면 십억을 원합니다. 끝이 없습니다. 명예도 그렇습니다. 대리가 되면 과장을 원합니다. 과장이 되면 부장을 원합니다. 부장이 되면 임원을 원합니다. 임원이 되면 사장을 원합니다. 쾌락도 그렇습니다. 한 번의 자극으로 만족하지 못합니다. 점점 더 강한 자극을 찾습니다. 마약 중독자처럼 용량이 점점 늘어갑니다.

한 장로님이 고개를 끄덕이셨습니다.

맞습니다, 목사님. 제가 사업할 때 그랬어요. 매출 10억 달성하면 만족할 줄 알았어요. 근데 10억 되니까 100억을 원하더라고요. 100억 되니까 천억을 꿈꿨어요. 끝이 없었어요.

"그러다가 어떻게 되셨어요?"

건강을 잃었죠. 가정도 깨질 뻔했고요. 욕심이 저를 죽이려고 했어요. 암세포처럼요.

욕심은 끝이 없습니다. 모든 것을 집어삼킬 때까지 멈추지 않습니다. 암세포가 온몸을 장악할 때까지 멈추지 않는 것처럼요.

"은을 사랑하는 자는 은으로 만족하지 못하고 풍요를 사랑하는 자는 소득으로 만족하지 아니하나니 이것도 헛되도다."(전

도서 5:10).

만족이 없으면 파멸입니다. 암세포가 숙주를 죽이듯이, 욕심은 사람을 죽입니다.

(2) 암세포의 침투성 = 죄의 전염성

정상세포는 자기 자리를 지킵니다. 피부 세포는 피부에만 있습니다. 간세포는 간에만 있습니다. 경계를 넘지 않습니다. 그런데 암세포는 다릅니다. 경계를 무시합니다. 침투합니다. 어떻게 침투할까요?

정상세포들은 세포와 세포 사이에 접착 분자로 꽉 붙어 있습니다. 마치 벽돌을 시멘트로 붙여놓은 것처럼요. 그래서 쉽게 떨어지지 않습니다. 그런데 암세포는 이 접착 분자를 약화시키는 효소를 분비합니다. MMP라는 효소입니다. Matrix Metalloproteinase, 기질 금속 단백질 분해효소입니다. 이 효소가 세포 간의 시멘트를 녹입니다. 그러면 암세포가 빠져나갈 수 있습니다. 혈관으로 들어가고, 림프관으로 들어가고, 다른 장기로 이동합니다. 이것을 전이라고 부릅니다. 위암이 간으로, 폐로, 뼈로 퍼집니다.

한 집사님이 물으셨습니다.

"목사님, 그게 죄하고 무슨 관계가 있나요?"

죄도 똑같이 전파됩니다. 한 사람의 죄가 다른 사람에게 퍼집니다. 예를 들어볼까요? 한 사람이 거짓말을 합니다. 처음에는 작은 거짓말입니다. 그런데 들킨 것 같으니 더 큰 거짓말로 덮습니다. 그러다가 다른 사람을 거짓말에 끌어들입니다. '이렇게 좀 말해줘. 부탁이야.' 그 사람도 거짓말을 하게 됩니다. 거짓말이 전염됩니다.

교회에서도 그렇습니다. 한 사람이 불평합니다. '목사님 설교가 은혜가 없어.' 옆 사람이 듣습니다. '나도 그런 생각했어.' 불평이 전염됩니다. 한 사람이 시기합니다. '저 집사님은 왜 저렇게 대접받지?' 다른 사람도 똑같이 시기하기 시작합니다. 시기가 전파됩니다. 가정에서도 그렇습니다. 아버지가 화를 냅니다. 어머니도 화를 냅니다. 자녀들도 화를 배웁니다. 분노가 전염됩니다.

"그러므로 한 사람으로 말미암아 죄가 세상에 들어오고 죄로 말미암아 사망이 들어왔나니 이와 같이 모든 사람이 죄를 지었으므로 사망이 모든 사람에게 이르렀느니라."(로마서 5:12).

한 사람 아담의 죄성이 모든 인류에게 유전되었습니다. 죄는 혼자 머물지 않습니다. 반드시 퍼집니다. 암세포가 전이되듯이 죄도 전이 현상이 일어납니다.

한 권사님이 눈물을 닦으셨습니다.

"목사님, 제 이야기 같아요. 제가 남편한테 불평을 했어요. 아들이 그걸 듣고 똑같이 아버지한테 불평하더라고요. 저의 죄성이 아이한테 유전된 거예요."

인식하신 게 중요합니다. 이제 끊어야 합니다. 암을 제거하듯이 죄를 제거해야 합니다.

(3) 암세포의 위장술 = 죄의 기만성

암세포는 아주 교활합니다. 자기를 숨기려고 위장합니다. 어떻게 위장할까요? 3장에서 배웠죠? 정상세포는 표면에 MHC라는 신분증을 가지고 있습니다. NK세포가 이것을 확인합니다. 암세포는 신분증이 없습니다. 그래서 NK세포가 쉽게 잡기 어렵습니다. 그리고 교활한 암세포들이 있습니다. 위장술을 쓰는 암세포들입니다. 어떻게 위장할까요? 세 가지 방법이 있습니다.

첫째, 가짜 신분증을 만듭니다. MHC를 비슷하게 만들어서 정상세포인 척합니다.

둘째, 면역억제 물질을 분비합니다. TGF-β, IL-10 같은 물질을 분비해서 NK세포를 약하게 만듭니다.

셋째, 정상세포를 방패로 씁니다. 주변의 정상세포들로 자기를 감쌉니다. 그러면 NK세포가 공격하기 어렵습니다.

정말 교활하죠!"

한 집사님이 말씀하셨습니다.

"목사님, 그게 정말 죄 같아요. 죄도 자기를 숨기잖아요."

맞습니다! 죄는 항상 자기를 위장합니다. 간음을 '사랑'이라고 부릅니다. 탐욕을 '성공 의지'라고 부릅니다. 교만을 '자존감'이라고 부릅니다. 게으름을 '여유'라고 부릅니다. 분노를 '정의감'이라고 부릅니다. 죄는 절대 자기 본모습을 드러내지 않습니다. 항상 그럴듯한 이름으로 위장합니다.

"어떤 길은 사람이 보기에 바르나 필경은 사망의 길이니라"(잠언 14: 12).

보기에 바른 것 같은데 실제로는 사망의 길입니다. 위장된 것입니다. 사탄도 마찬가지입니다.

"이것은 이상한 일이 아니니라. 사탄도 자기를 광명의 천사로 가장하나니"(고린도후서 11:14).

사탄은 보이지 않습니다. 천사처럼 위장합니다. 선한 것처럼 보입니다. 죄도 보이지 않습니다. 좋은 것처럼 위장합니다. 필요한 것처럼 보입니다. '이 정도는 괜찮아.' '다들 이렇게 살아.' '나만 손해 볼 순 없잖아.' '이건 죄가 아니야, 지혜야.' 이렇게 자기를 합리화로 위장합니다.

한 장로님이 고백하셨습니다.

"목사님, 제가 그랬어요. 사업하면서 뇌물을 줬어요. 근데 저는 그걸 '관계 관리'라고 불렀어요. '이건 비즈니스 관습이야. 죄가 아니야'라고 생각했어요. 위장했던 거죠."

인정하신 게 중요합니다. 죄를 죄라고 말할 수 있어야 합니다. 위장을 벗겨야 합니다.

(4) 암세포의 불멸성 = 죄의 지속성

정상세포는 때가 되면 죽습니다. 세포자멸사, Apoptosis라고 합니다. 왜 죽을까요? DNA가 손상되면 세포 안에 센서가 있습니다. p53이라는 단백질입니다. 이것이 손상을 감지하면 '수리할 수 있나?' 수리 가능하면 수리합니다. 수리 불가능하면 '자살해'라고 명령합니다. 세포가 조용히 죽습니다. 이것이 정상입니다. 손상된 세포는 제거되어야 합니다. 그래야 몸이 건강합니다.

그런데 암세포는 죽지 않습니다. 죽으라는 명령을 무시합니다. 어떻게요? p53 유전자를 고장 냅니다. 또는 세포자멸사를 막는 단백질을 과다 생산합니다. Bcl-2 같은 단백질입니다. 죽으라고 해도 '싫어, 나 안 죽어' 하고 버팁니다. 심지어 항암제를 써도 죽지 않으려고 발버둥칩니다. 내성이 생깁니다.

한 집사님이 물으셨습니다.

"그게 죄하고 무슨 관계가 있나요?"

죄도 똑같습니다. 죽지 않으려고 합니다. 고집을 부립니다. 회개하라고 하면 뭐라고 합니까? '난 잘못한 게 없어.' '이건 내 성격이야, 성격은 못 고쳐.' '나이 들어서 어떻게 바꿔.' 계속 똑같은 죄를 반복합니다. 지난주에 회개했는데 이번 주에 또 범합니다. 다음 주에 또 범합니다. '이번엔 진짜 안 할 거야' 라고 다짐하지만 또 합니다. 죄가 죽지 않기 때문입니다.

"내 속 곧 내 육신에 선한 것이 거하지 아니하는 줄을 아노니 원함은 내게 있으나 선을 행하는 것은 없노라. 내가 원하는 바

선은 행하지 아니하고 도리어 원하지 아니하는 바 악을 행하는도다"(로마서 7:18-19).

사도 바울도 이 고민을 했습니다. 죄가 죽지 않으니까요. 죄는 지속성이 강합니다. 항암제를 써도 죽지 않는 암세포처럼, 회개해도 계속 살아나려고 합니다.

한 권사님이 한숨을 쉬셨습니다.

"목사님, 저도 그래요. 시기하는 죄를 고치려고 기도했어요. 한동안 괜찮은 것 같았어요. 근데 또 누가 잘되는 걸 보니까 시기가 올라와요. 죽지 않아요, 그 죄가."

이해합니다. 우리 모두 그렇습니다. 그래서 어떻게 해야 할까요?

(5) 죄의 해결책은 십자가의 능력

암세포를 제거하는 방법이 뭡니까? 수술, 항암, 방사선... 여러 가지가 있습니다. 근데 가장 좋은 건 NK세포를 강하게 만드는 겁니다. 우리 몸의 면역력으로 암세포를 제거하는 겁니다. 죄도 마찬가지입니다. 죄를 제거하는 방법이 뭡니까? 십자가의 능력입니다.

"그리스도 예수의 사람들은 육체와 함께 그 정욕과 탐심을 십자가에 못 박았느니라"(갈라디아서 5:24).

예수님이 십자가에 달리실 때 우리의 죄도 함께 못 박혔습니다. 죄의 권세가 깨졌습니다. 그런데 왜 아직도 죄를 짓나요? 아직 완전히 제거되지 않았기 때문입니다. 암 환자가 수술받아도 미세 잔존 암이 남아있을 수 있습니다. Minimal Residual Disease, MRD라고 합니다. 그래서 항암 치료를 계속합니다. 우리도 마찬가지입니다. 십자가로 죄의 권세는 깨졌지만, 죄의 잔재가 남아있습니다. 그래서 계속 싸워야 합니다. 어떻게 싸웁니까? 영적 면역력을 강화해야 합니다.

첫째, 말씀으로 무장합니다. 말씀이 죄를 분별하게 합니다.

둘째, 기도로 힘을 얻습니다. 성령의 능력이 죄를 이기게 합니다.

셋째, 교제로 서로 돕습니다. 혼자 싸우면 집니다. 함께 싸워야 합니다.

넷째, 회개를 반복합니다. 넘어져도 일어섭니다. 포기하지 않습니다.

암 치료가 오래 걸리듯이, 죄와의 싸움도 오래 걸립니다. 하지만 포기하지 마세요.

"만일 우리가 우리 죄를 자백하면 그는 미쁘시고 의로우사 우리 죄를 사하시며 우리를 모든 불의에서 깨끗하게 하실 것이요"(요한일서 1:9).

회개할 때마다 하나님이 용서하십니다. 깨끗하게 하십니다. 죄의 잔재를 제거하십니다.

3. 육체의 질병과 영적 질병의 패턴

"목사님, 그럼 육체의 병과 영적인 병이 관계가 있나요?"

한 집사님이 조심스럽게 물으셨습니다.

좋은 질문입니다. 관계가 있습니다. 모든 병이 죄 때문은 아닙니다. 욥의 경우처럼 의로운 사람도 병에 걸립니다. 날 때부터 맹인이었던 사람처럼 하나님의 영광을 나타내기 위해서 죄와 무관한 경우도 있습니다. 하지만 때로는 육체의 병이 영적 문제를 반영하는 경우가 있습니다. 제가 본부에서 많은 암 환우분들을 만났습니다. 대화하다 보면 패턴이 보입니다.

패턴 1: 쌓인 분노와 암

화를 풀지 못하고 억지로 참는 분들이 많습니다. 특히 한국의 중년 여성들. 시댁 갈등, 남편 문제, 자녀 문제... 화가 나지만 참습니다. 표현하지 못합니다. 화가 몸속에 쌓입니다. 독소가 됩니다. 스트레스 호르몬이 올라갑니다. 면역력이 떨어집니다. 그리고 어느 날 암 진단을 받습니다.

한 권사님이 울먹이셨습니다.

"목사님, 저예요. 저 30년 동안 시어머니한테 받은 스트레스를... 다 참았어요. 한 번도 화를 낸 적이 없어요. 착한 며느리로 살았어요. 그런데 유방암에 걸렸어요."

이해합니다. 이제 풀어내야 합니다.

"분을 내어도 죄를 짓지 말며 해가 지도록 분을 품지 말고 마귀에게 틈을 주지 말라"(에베소서 4:26-27).

분노를 품지 말라고 했습니다. 풀어내야 합니다. 건강하게 표현해야 합니다. 기도 중에 하나님께 토해내세요. '하나님, 저 너무 화가 나요. 억울해요.' 하나님은 받아주십니다. 용서하세요. 쉽지 않지만 용서해야 합니다. 용서가 분노의 독소를 제거합니다.

패턴 2: 만성적 불안과 암

걱정이 많은 분들도 있습니다. 항상 불안합니다. 미래가 불안하고, 자녀가 불안하고, 재정이 불안하고... 불안도 독소입니다. 코르티솔을 올립니다. 면역력을 떨어뜨립니다.

한 집사님이 말씀하셨습니다.

"목사님, 저도 그래요. 평생 걱정하며 살았어요. '혹시 이렇게 되면 어떡하지? 저렇게 되면 어떡하지?' 항상 최악의 시나리오를 생각했어요."

"아무 것도 염려하지 말고 다만 모든 일에 기도와 간구로, 너희 구할 것을 감사함으로 하나님께 아뢰라. 그리하면 모든 지각에 뛰어난 하나님의 평강이 그리스도 예수 안에서 너희 마음과 생각을 지키시리라"(빌립보서 4:6-7).

염려를 하나님께 맡기세요. 기도로 맡기세요. 그러면 평강이 옵니다.

패턴 3: 완벽주의와 암

자기에게 너무 엄격한 분들도 있습니다. 완벽해야 합니다.

실수하면 안 됩니다. 항상 최선을 다해야 합니다. 이것도 스트레스입니다. 자기를 학대하는 것과 같습니다.

한 장로님이 고백하셨습니다.

"목사님, 저도 그랬어요. 회사에서 완벽주의자로 유명했어요. 부하 직원들한테도 엄격했고, 저한테는 더 엄격했어요. 밤샘 작업도 자주 했고요. 그러다 췌장암에 걸렸어요."

이제 내려놓으세요. 사람은 완벽할 수 없어요. 완벽하려고 노력할 필요가 없습니다.

> **"수고하고 무거운 짐 진 자들아 다 내게로 오라. 내가 너희를 쉬게 하리라. 나는 마음이 온유하고 겸손하니 나의 멍에를 메고 내게 배우라. 그리하면 너희 마음이 쉼을 얻으리니 이는 내 멍에는 쉽고 내 짐은 가벼움이라 하시니라"**(마태복음 11:28-30).

예수님의 멍에는 쉽습니다. 가볍습니다. 완벽을 요구하지 않으십니다.

패턴 4: 용서하지 못함과 암

누군가를 용서하지 못하는 분들도 있습니다. 원망과 미움을 품고 삽니다. 이것이 가장 무서운 독소입니다. 용서하지 못하면 자기가 먼저 병듭니다.

한 집사님이 눈물을 흘리셨습니다.

"목사님, 제가 그랬어요. 남편이 바람을 피웠어요. 10년 전 일인데 아직도 용서가 안 돼요. 매일 그 생각을 해요. 그 여자를 생각하면 이가 갈려요. 그러다 위암에 걸렸어요.

"너희가 사람의 잘못을 용서하면 너희 하늘 아버지께서도 너희 잘못을 용서하시려니와 너희가 사람의 잘못을 용서하지 아니하면 너희 아버지께서도 너희 잘못을 용서하지 아니하시리라"(마태복음 6:14-15).

용서하지 못하면 우리도 용서받지 못합니다. 그리고 우리 몸도 병듭니다. 용서는 상대방을 위한 게 아닙니다. 나 자신을 위한 겁니다. 내가 자유롭기 위해서 용서해야 합니다.

4. 몸의 병이 마음의 병을 반영한다

모든 병이 죄 때문은 아니지만 때로는 육체의 병이 영적·정서적 문제를 반영합니다.

분노 → 스트레스 → 면역력 저하 → 암
불안 → 코르티솔 → 면역력 저하 → 암
완벽주의 → 과로 → 면역력 저하 → 암
용서 못함 → 독소 → 면역력 저하 → 암

결국 연결되어 있습니다. 영, 혼, 육이 하나이기 때문입니다. 그래서 진정한 치유는 전인적이어야 합니다. 육체만 치료하면 안 됩니다. 마음의 병도 치료해야 합니다. 영적 문제도 해결해야 합니다. 암세포를 제거하는 것만으로는 부족합니다. 암세포를 만든 환경을 바꿔야 합니다. 분노를 풀어내고,

불안을 내려놓고, 완벽주의를 버리고, 다른 이의 잘못을 용서해야 합니다. 그러면 몸이 치유됩니다. 면역력이 올라가고 NK세포가 강해집니다.

(한 집사님의 치유 이야기)

"한 집사님 이야기를 해드리겠습니다."

유방암 2기 진단을 받으셨습니다. 수술하고 항암 치료를 받으셨습니다. 하지만 불안했습니다. '재발하면 어떡하지?'

본부에 오셔서 상담했습니다.

집사님, 뭔가 마음에 쌓인 게 있으신가요?

한참을 망설이시더니 말씀하셨습니다.

"목사님, 저... 어머니를 미워했어요. 어렸을 때 저를 버리셨거든요. 아버지하고 이혼하시고 혼자 나가셨어요. 저는 할머니 손에 자랐어요. 평생 그 상처를 안고 살았어요."

용서하셨나요?

"못 했어요. 용서하고 싶어도 안 돼요."

이해합니다. 쉽지 않죠. 하지만 용서하지 않으면 집사님이 계속 아파요.

그날부터 용서하는 기도를 시작했습니다. 매일 기도했습니다.

"하나님, 어머니를 용서하게 도와주세요."

처음에는 말만 했습니다. 마음이 안 따라왔습니다.

하지만 계속 기도했습니다. 2주, 4주, 8주...

3개월쯤 지났을 때 변화가 왔습니다.

"목사님, 신기한 일이 생겼어요. 어제 기도하는데 갑자기 어머니가 불쌍하게 느껴졌어요.

'저분도 힘들었겠구나! 젊은 나이에 시집살이하고, 남편한테 학대받고... 도망칠 수밖에 없었겠구나!'

처음으로 어머니를 이해하게 됐어요. 그러니까 미움이 녹더라고요. 그날 밤 꿈을 꿨어요. 어머니가 저한테 와서 '미안해'라고 하시는 꿈이었어요. 저도 '괜찮아요, 엄마'라고 했어요. 꿈에서 깨서 한참 울었어요. 뭔가 무거운 짐이 내려진 것 같았어요."

그 후 몸도 좋아지기 시작했습니다.

식욕이 돌아왔습니다. 잠도 잘 오기 시작했습니다. 얼굴색이 좋아졌습니다.

6개월 후 정기 검진을 받았습니다. 의사가 말했습니다.

'집사님, 아주 좋아요. 암 표지자 수치가 정상이에요. NK세포 활성도도 높고요. 이대로만 유지하세요.'

지금 5년이 지났습니다. 재발하지 않으셨습니다.

"목사님, 암이 저한테 선물이었어요. 용서를 배웠거든요. 이제 저 자유로워요."

이것이 전인적 치유입니다.

제11장

마음의 변화와 암세포의 발생

1. 한의사의 관찰

본부에서 특강을 하기 위해 한의사 선생님을 모셨습니다. 30년 넘게 암 환자들을 치료해 오신 분입니다.

"목사님, 제가 오랫동안 암 환자들을 보면서 신기한 패턴을 발견했습니다."

어떤 패턴이신가요?

"암이 생기는 장기와 그 사람의 감정 상태가 관련이 있어요. 물론 100%는 아니지만 경향성이 뚜렷합니다."

강의실에 모인 30여 명의 환우분들이 집중했습니다.

"예를 들어볼까요? 간암에 걸린 분들은 대부분 분노가 많습니다. 화를 잘 참는 편인데, 속으로 화가 가득합니다.

폐암에 걸린 분들은 슬픔이 많습니다. 큰 상실을 경험했거나 오랜 우울증이 있는 경우가 많습니다.

신장암 환자분들은 두려움이 많습니다. 평생 불안하게 사셨습니다.

유방암 환자분들은 원망이 많습니다. 특히 가까운 사람에게 받은 상처를 안고 사십니다."

한 집사님이 놀라며 물으셨습니다.

"선생님, 그게 어떻게 가능한가요? 감정이 어떻게 특정 장기에 암을 만들어요?"

"좋은 질문입니다. 서양 의학으로도 이제는 이것을 설명할 수 있습니다. 오늘은 그 이야기를 하겠습니다."

2. 부정적 감정과 암의 상관관계 연구

"1980년대부터 서양 의학계에서 중요한 연구들이 나오기 시작했습니다."

PNI = Psycho-Neuro-Immunology

(1) 정신신경면역학

"정신(마음)과 신경계와 면역계가 서로 연결되어 있다는 학문입니다. 누가 시작했냐? 로버트 아더(Robert Ader)라는 미국 심리학자입니다. 1975년에 쥐 실험을 하다가 놀라운 것을 발견했습니다. 쥐에게 스트레스를 주면 면역력이 떨어진다는 것을 입증했습니다. 그전까지는 마음과 면역이 별개라고 생각했는데, 연결되어 있다는 것을 증명한 겁니다."

한 장로님이 물으셨습니다.

"그럼 감정이 정말로 면역을 바꾼다는 건가요?"

"정확합니다. 이제는 수많은 연구로 입증되었습니다. 2010년 미국 오하이오 주립대학 연구팀이 발표한 논문을 보면, 만성적인 스트레스를 받는 사람들의 NK세포 활성도가 50% 이상 감소했다고 합니다. 2015년 하버드 의대 연구팀은 우울증 환자들의 면역 세포를 분석했습니다. 결과가 어땠을까요? 염증 수치가 정상인보다 2-3배 높았습니다. 만성 염증은 암을 유발합니다. 그래서 우울증과 암 발생률의 상관관계가 있는 겁니다."

한 집사님이 손을 들었습니다.

"목사님, 그럼 슬프면 암에 걸린다는 말씀인가요?"

슬픔 자체가 암을 만드는 건 아닙니다. 하지만 만성적인 슬픔, 해소되지 않은 슬픔은 문제가 됩니다. 슬픔이 우울증이 되고, 우울증이 만성 염증을 일으키고, 만성 염증이 면역력을 떨어뜨리고, 면역력이 떨어지면 암세포가 자랄 수 있는 환경이 됩니다. 직접적인 원인은 아니지만 중요한 요인 중 하나입니다.

(2) 분노와 간암

한의사 선생님이 계속 설명하셨습니다.

"동양 의학에서는 오래전부터 알고 있었습니다. 감정과 장기의 관계를요. 간은 분노를 저장합니다. 화가 나면 간이 손상됩니다. 한의학의 고전인 '황제내경'에 이렇게 나와 있습니다.

'노즉기상(怒則氣上)' 화를 내면 기운이 위로 치솟는다. 얼굴이 빨개지고 머리에 피가 몰립니다. '노상간(怒傷肝)' 화를 내면 간이 상한다."

한 집사님이 물으셨습니다.

"그게 과학적으로 설명이 되나요?"

제가 대답했습니다.

화를 내면 우리 몸에서 코르티솔과 아드레날린이 분비됩니다. 스트레스 호르몬이죠. 이 호르몬들이 간에 부담을 줍니다. 왜냐하면 간이 이 호르몬들을 대사시켜야 하거든요. 만성적으로 화를 내면, 즉 만성 스트레스 상태가 되므로, 간이 계속 과부하가 걸립니다. 또한 분노는 염증을 일으킵니다. 2018년 미국 하버드 의대 연구팀이 발표한 논문을 보면, 분노 감정이 있을 때 혈액 속 염증 지표인 CRP가 증가한다고 합니다. 만성 염증은 간세포를 손상시킵니다. 손상된 간세포가 회복되는 과정에서 돌연변이가 생길 수 있습니다. 그것이 간암의 시작이 될 수 있습니다.

한 장로님이 고백하셨습니다.

"목사님, 저 간암 환자인데요. 제가 평생 화를 많이 냈어요. 사업하면서 직원들에게, 거래처에게, 심지어 가족에게도... 성질이 급했어요. 화를 내면 속이 타는 것 같았어요. 명치에 열이 올라오고 답답하고... 이제 보니 제 간이 상하고 있었던 거네요."

장로님, 이제라도 아셨으니 바꾸셔야 합니다.

"너희는 모든 악독과 노함과 분냄과 떠드는 것과 비방하는 것을 모든 악의와 함께 버리고"(에베소서 4:31).

분노를 버리라고 했습니다. 분노를 버리는 게 간을 살리는 길입니다.

(3) 슬픔과 폐암

한의사 선생님이 계속하셨습니다.

"폐는 슬픔을 저장합니다."

"'황제내경'에 '비상폐(悲傷肺)'라고 나옵니다. 슬픔이 폐를 상하게 한다는 뜻입니다. 슬플 때 어떻게 되나요? 한숨을 쉽니다. 깊게 숨을 들이마시고 길게 내쉽니다. 가슴이 답답합니다. 오래 슬퍼하면 폐의 기능이 약해집니다. 호흡이 얕아지고, 산소 공급이 부족해지고, 면역력이 떨어집니다."

한 집사님이 말씀하셨습니다.

"저 폐암 환자인데요... 5년 전에 남편이 갑자기 돌아가셨어요. 교통사고였어요. 너무 슬펐어요. 한동안 밥도 못 먹고, 잠도 못 자고... 울기만 했어요. 그래도 아이들 때문에 참았어요. 아이들 앞에서는 울면 안 된다고 생각했어요. 혼자 있을 때만 울었어요. 3년 동안 그렇게 살았어요. 겉으로는 괜찮은 척했는데, 속으로는 너무 슬펐어요. 그리고 폐암 진단을 받았어요."

눈물이 흘러내렸습니다.

"제가 슬픔을 제대로 표현하지 못한 게 문제였을까요?"

"그럴 수 있습니다. 슬픔을 억압하면 몸이 기억합니다. 2012년 호주 멜버른 대학 연구팀이 흥미로운 연구를 발표했습니다. 배우자를 잃은 사람들의 면역 기능을 6개월 동안 추적 관찰했습니다. 결과가 어땠을까요? 슬픔을 표현하지 못하고 억압한 그룹의 NK세포 활성도가 40% 감소했습니다. 반대로 슬픔을 긍정적으로 건강하게 표현한 그룹은 시간이 지나면서 회복되었습니다. 슬픔 자체가 나쁜 게 아닙니다. 슬픔을 억압하는 게 문제입니다."

"나의 유리함을 주께서 계수하셨으니 나의 눈물을 주의 병에 담으소서. 이것이 주의 책에 기록되지 아니하였나이까"(시편 56:8).

하나님은 우리의 눈물을 다 기억하십니다. 슬플 때 울어도 됩니다. 하나님 앞에서 슬픔을 쏟아내도 됩니다. 억압하지 마세요. 슬픔을 인정하고, 표현하고, 하나님께 맡기세요.

(4) 두려움과 신장암

한의사 선생님이 설명하셨습니다.

"신장은 두려움을 저장합니다."

"황제내경'에 '공상신(恐傷腎)'이라고 나옵니다. 두려움이 신장을 상하게 한다는 뜻입니다. 두려울 때 어떻게 되나요? 소변이 마려워집니다. 심하면 지리기도 합니다. 왜냐하면 신장과 방광이 두려움의 영향을 받기 때문입니다. 또 다리에 힘이 빠집니다. '무릎이 후들후들하다'고 표현하죠. 한의학에서 신장은 뼈와 골수를 주관한다고 봅니다."

한 집사님이 물으셨습니다.

"목사님, 저는 신장암인데요... 제가 평생 불안하게 살았어요. 어렸을 때 전쟁을 겪었어요. 피난 가면서 죽을 뻔했어요. 그 기억이 평생 남았어요. 성인이 되어서도 항상 불안했어요. '혹시 전쟁이 나면 어떡하지? 경제가 망하면 어떡하지? 자식들이 다치면 어떡하지?' 밤에 잠을 못 잤어요. 악몽을 꿨어요. 항상 긴장했어요. 제가 너무 두려워하며 산 게 신장을 상하게 한 건가요?"

제가 대답했습니다. 가능성이 있습니다. 만성적인 두려움은 우리 몸에 여러 영향을 줍니다.

첫째, 코르티솔이 계속 높게 유지됩니다. 코르티솔은 스트레스 호르몬인데, 이것이 신장에 부담을 줍니다.

둘째, 아드레날린이 과다 분비됩니다. 아드레날린은 신장 바로 위에 있는 부신에서 나옵니다. 만성적으로 두려워하면 부신이 지칩니다.

셋째, 면역력이 떨어집니다. 2016년 스탠퍼드 대학 연구팀이 발표한 논문을 보면, 만성 불안 장애가 있는 사람들의 NK 세포 활성도가 정상인의 60% 수준이었다고 합니다.

"하나님이 우리에게 주신 것은 두려워하는 마음이 아니요 오직 능력과 사랑과 절제하는 마음이니"(디모데후서 1:7).

하나님은 우리에게 두려움을 주지 않으셨습니다. 능력과

사랑과 절제하는 마음을 주셨습니다. 두려움은 마귀가 주는 것입니다. 거부해야 합니다.

"사랑 안에 두려움이 없고 온전한 사랑이 두려움을 내쫓나니 두려움에는 형벌이 있음이라. 두려워하는 자는 사랑 안에서 온전히 이루지 못하였느니라"(요한일서 4:18).

하나님의 사랑을 경험하면 두려움이 사라집니다. 하나님을 신뢰하세요. 두려움이 사라질 것입니다.

(5) **원망과 유방암**

유방암은 조금 다릅니다. 한의학에서는 유방을 간 경락과 위 경락이 지나가는 곳으로 봅니다.

한의사 선생님이 설명하셨습니다.

"간은 분노를 저장한다고 했죠? 그런데 유방암 환자들의 특징은 화를 내지 못한다는 겁니다. 화가 나는데 표현하지 못합니다. 착한 며느리, 착한 아내, 착한 엄마로 살아왔습니다. 참고 참고 또 참았습니다. 그러면 화가 어디로 갈까요? 안에서 쌓입니다. 원망이 됩니다."

한 권사님이 고백하셨습니다.

"선생님 말씀이 제 이야기 같아요. 저는 30년 동안 시댁 식구들 눈치 보며 살았어요. 명절 때마다 혼자 일했어요. 시어머니는 시누이만 예뻐하셨어요. 남편은 무관심했어요. '왜 그래, 그까짓 거' 하면서 제 마음을 이해하지 못했어요. 화가 났지만 참았어요. '착한 며느리가 되어야지. 참아야지.' 하면서 삼켰어요. 그런데 속에서는 원망이 쌓였어요. '왜 나만 이렇게 살아야 하지? 불공평해. 억울해.' 그리고 유방암 진단을 받았어요. 왼쪽 유방이었어요."

눈물을 흘리셨습니다.

"제가 원망을 품고 산 게 암을 만든 건가요?"

"제가 대답했습니다. 원망은 독입니다. 자기를 먼저 해칩니다. 2014년 미국 존스홉킨스 대학 연구팀이 유방암 환자 200명을 대상으로 연구했습니다. 용서하지 못하는 감정, 원망과 증오를 품고 사는 환자들의 암 재발률이 높았습니다. 반대로 용서한 환자들의 회복률이 훨씬 높았습니다. 통계적으로 유의미한 차이였습니다."

> **"너희는 모든 악독과 노함과 분냄과 떠드는 것과 비방하는 것을 모든 악의와 함께 버리고 서로 친절하게 하며 불쌍히 여기며 서로 용서하기를 하나님이 그리스도 안에서 너희를 용서하심과 같이 하라"**(에베소서 4:31-32).

용서하라고 했습니다. 하나님이 우리를 용서하신 것처럼 서로 용서하라고 했습니다. 용서는 상대방을 위한 게 아닙니다. 나를 위한 겁니다. 내가 원망의 독에서 벗어나기 위해서입니다.

3. 정신신경면역학(PNI)의 연구의 발견들

앞에서는 특정 감정과 특정 장기의 관계를 살펴봤습니다. 이제 전체 그림을 보겠습니다.

감정(정신) → 신경계 → 호르몬 → 면역계 → 암

정신신경면역학(PNI)이 발견한 것이 바로 이 연결 고리입니다. 감정이 어떻게 면역에 영향을 줄까요? 단계별로 살펴보겠습니다.

(1) 1단계: 감정이 뇌를 자극한다

우리가 어떤 감정을 느끼면 뇌의 특정 부분이 활성화됩니다. 분노를 느끼면 편도체(amygdala)가 활성화됩니다. 두려움을 느껴도 편도체가 활성화됩니다. 슬픔을 느끼면 배측, 내측 전두엽, 전방대상피질, 해마가 활성화됩니다. 기쁨과 즐거움을 느끼면 보상회로:복측피개영역(VTA), 측좌핵(nucleusaccumbens), 전측 대상피질이 활성화됩니다. 혐오를 느끼면 전방대상피질, 편도체의 일부가 활성화됩니다. 놀라면 편도체, 시각피질, 전두엽 일부가 활성화됩니다. 신뢰와 공감을 가지면 내적 전두엽, 측두엽, 전방대상피질이 활성화됩니다.

2019년 하버드 의대 연구팀이 fMRI로 사람들의 뇌를 촬영하면서 감정을 느끼게 했습니다. 부정적 감정을 느낄 때와 긍정적 감정을 느낄 때 뇌의 다른 부분이 활성화되는 것을 확인했습니다.

(2) 2단계: 뇌가 신경계를 통해 신호를 보낸다

뇌에서 활성화된 신호가 자율신경계를 통해 전신으로 퍼집니다. 자율신경계는 두 가지가 있습니다. 교감신경이 활성화되면 심장이 빨리 뛰고, 혈압이 올라가고, 호흡이 빨라지며 동공이 확대되고, 소화 기능이 억제되고, 땀 분비가 증가되고, 근육이 긴장되고, 혈당이 증가하고, 동공이 확대되고, 에너지가 방출됩니다. 반대로 편안하고 소화가 잘되고 회복상태가 되면 부교감신경이 활성화됩니다. 심박수가 감소하고 혈압이 감소하고 호흡이 안정되고 소화 배설기능이 촉진되고 근육이 이완되고 에너지가 저장됩니다.

(3) 3단계: 신경계가 호르몬을 분비시킨다

교감신경이 활성화되면 부신에서 코르티솔과 아드레날린을 분비합니다. 이것이 스트레스 호르몬입니다. 코르티솔은 면역을 억제합니다. 왜냐하면 단기적으로는 생존에 도움이 되기 때문입니다. 호랑이를 만났을 때 면역 반응보다 도망가는 게 먼저니까요. 하지만 만성적으로 코르티솔이 높으면 문제가 됩니다. 면역이 계속 억제되기 때문입니다.

(4) 4단계: 호르몬이 면역세포를 변화시킨다

코르티솔은 NK세포를 직접 억제합니다. 2017년 영국 임페리얼 칼리지 연구팀이 발표한 논문을 보면, 코르티솔이 NK세포의 표면 수용체를 변화시켜서 암세포를 잘 인식하지 못하게 만든다고 합니다. 또한 코르티솔은 T세포의 기능도 약화시킵니다. 사이토카인 생산을 줄입니다. 결과적으로 면역력이 전반적으로 떨어집니다.

(5) 5단계: 면역력 저하가 암세포 발생을 허용한다

면역력이 떨어지면 암세포가 생기고 자랄 수 있는 환경이 됩니다. NK세포가 약해지면 매일 생기는 암세포를 제거하지 못합니다. T세포가 약해지면 커진 암세포를 공격하지 못합니다. 암세포는 기회를 놓치지 않습니다. 빠르게 증식합니다. 이것이 감정에서 암까지의 전체 경로입니다.

한 집사님이 물으셨습니다.

"그럼 반대로 긍정적 감정은 면역력을 올리나요?"

정확히 그렇습니다.

4. 긍정적 감정과 면역력

1989년 노먼 커즌스(Norman Cousins)라는 사람이 있었습니다. 희귀질환으로 의사들이 포기했습니다. 그런데 그가 특이한 치료를 시작했습니다. 매일 코미디 영화를 봤습니다. 크게 웃었습니다. 신기하게도 병이 호전되기 시작했습니다. 완전히 치유되었습니다. 그가 이 경험을 책으로 썼습니다. '질병의 해부(Anatomy of an Illness)'라는 책입니다. 이 책이 계기가 되어 웃음과 면역의 관계를 연구하기 시작했습니다.

1996년 일본 츠쿠바 대학 연구팀이 실험을 했습니다. 암 환자들에게 3시간 동안 코미디를 보여줬습니다. 그리고 혈액을 채취해서 NK세포 활성도를 측정했습니다. 놀랍게도 단 3시간 웃었을 뿐인데 NK세포 활성도가 평균 40% 증가했습니다.

2011년 미국 UCLA 연구팀은 감사하는 마음이 면역력을 올린다는 것을 발견했습니다. 매일 감사 일기를 쓴 그룹과 쓰지 않은 그룹을 비교했습니다. 6주 후 감사 일기를 쓴 그룹의 면역 글로불린 수치가 증가했습니다.

"주 안에서 항상 기뻐하라. 내가 다시 말하노니 기뻐하라"(빌립보서 4:4).

기뻐하라고 했습니다. 이것이 단순한 종교적 명령이 아닙니다. 건강을 위한 처방입니다.

"항상 기뻐하라. 쉬지 말고 기도하라. 범사에 감사하라. 이것이 그리스도 예수 안에서 너희를 향하신 하나님의 뜻이니라"(데살로니가전서 5:16-18).

항상 기뻐하고, 쉬지 말고 기도하고, 범사에 감사하라. 이것이 하나님의 뜻입니다. 그리고 이것이 우리 면역력을 올리는 방법입니다.

감정이 호르몬을 변화시키고, 호르몬이 면역을 바꿉니다.

제12장

영적 건강과 면역력

1. 한 의사의 답변

본부에 특별 강사로 한 가정의학과 의사 선생님을 모셨습니다. 20년 넘게 암 환자들을 진료해 오신 분입니다.

"목사님, 제가 오랫동안 환자들을 보면서 이상한 패턴을 발견했습니다."

어떤 패턴이신가요?

"똑같은 암, 똑같은 병기(病氣)인데 결과가 너무 다릅니다. 어떤 환자는 빨리 회복되고, 어떤 환자는 악화됩니다. 의학적으로 설명이 안 됩니다. 똑같은 치료를 받는데 왜 결과가 다를까요?"

강의실에 모인 40여 명의 환우들이 숨죽이며 들었습니다.

그래서 제가 자세히 관찰했습니다. 잘 회복되는 환자들의 공통점이 뭘까?

첫째, 신앙이 있습니다. 하나님을 믿고 기도합니다.

둘째, 긍정적입니다. 감사하고 기뻐합니다.

셋째, 공동체가 있습니다. 교회에 다니고 사람들과 교제합니다.처음에는 우연이라고 생각했습니다. 하지만 너무 많은 경우에서 이 패턴이 반복됩니다. 그래서 논문을 찾아봤습니다. 놀랍게도 이것을 과학적으로 연구한 논문들이 많더군요. 오늘은 그 이야기를 하겠습니다. 영적 건강이 어떻게 면역력을 올리는지 과학적으로 설명하겠습니다.

2. 기도와 말씀 묵상과 감사의 생리학적 효과

한 집사님이 물으셨습니다.
"기도가 정말 면역력을 올릴까요?"
"목사님, 기도는 영적인 거잖아요. 그게 어떻게 육체에 영향을 주나요?"
좋은 질문입니다. 우리가 9장에서 배웠죠? 영혼육이 연결되어 있다고요. 영적 활동인 기도가 신경계를 통해 호르몬을 변화시키고, 호르몬이 면역을 변화시킵니다. 이제는 과학적으로 측정할 수 있습니다.

(1) 코르티솔(Cortisol) 호르몬의 감소

2013년 미국 UCLA 의대 연구팀이 실험을 했습니다. 스트레스가 많은 대학생들을 두 그룹으로 나눴습니다. 한 그룹은 매일 20분씩 말씀 묵상과 기도를 하게 했고, 다른 그룹은 아무것도 하지 않게 했습니다. 8주 후에 혈액을 채취해서 코르티솔 수치를 측정했습니다. 결과가 어땠을까요? 말씀 묵상과 기도를 한 그룹의 코르티솔이 평균 25% 감소했습니다.

한 장로님이 물으셨습니다.

"선생님, 코르티솔이 왜 중요한가요?"

코르티솔은 스트레스 호르몬입니다. 높으면 면역력이 떨어집니다. 특히 NK세포를 억제합니다. 그런데 기도를 하면 코르티솔이 감소합니다. 결과적으로 면역력이 올라갑니다. 어떻게 그럴 수 있을까요? 기도할 때 우리 뇌에서 일어나는 일을 보겠습니다. 2011년 하버드 의대에서 기도하는 사람들의 뇌를 fMRI로 촬영했습니다. 기도할 때 전두엽이 활성화되고, 편도체가 진정됩니다. 편도체는 두려움과 불안을 관장하는 곳입니다. 편도체가 진정되면 불안이 줄어듭니다. 불안이 줄어들면 교감신경이 진정됩니다. 교감신경이 진정되면 부신에서 코르티솔 분비가 줄어듭니다. 이것이 기도가 코르티솔을 감소시키는 메커니즘입니다.

"아무 것도 염려하지 말고 다만 모든 일에 기도와 간구로, 너희 구할 것을 감사함으로 하나님께 아뢰라. 그리하면 모든 지각에 뛰어난 하나님의 평강이 그리스도 예수 안에서 너희 마음과 생각을 지키시리라"(빌립보서 4:6-7).

기도하면 평강이 온다고 했습니다. 이것이 단순한 영적 진리만이 아닙니다. 생리학적 사실입니다. 기도가 뇌를 변화시키고, 뇌가 신경을 변화시키고, 신경이 호르몬을 변화시킵니다.

(2) 엔돌핀과 세로토닌과 도파민의 증가

예배나 찬양이나 기도할 때, 웃을 때, 운동할 때, 감사할 때, 칭찬이나 인정받을 때에 우리 몸에서 좋은 호르몬들이 분비됩니다.

① 첫째, 엔돌핀(Endorphin)입니다.

이것을 '행복 호르몬' '천연진통제'라고 부릅니다. 엔돌핀은 시상하부와 뇌하수체에서 만들어지는데 통증을 줄이고, 기분을 좋게 하고, 스트레스를 완화하고 안정감을 주며 수면을 유도하고 면역력을 강화하여 심혈관을 보호합니다. 2015년 영국 옥스퍼드 대학 연구팀이 발표한 논문을 보면, 예배나 기도 같은 영적 활동을 할 때 엔돌핀이 증가한다고 합니다. 특히 찬양을 부를 때 엔돌핀이 많이 분비됩니다. 그래서 찬양하면 기분이 좋아지고 몸이 가벼워집니다. 엔돌핀이 부족하면 우울감, 불안감, 통증 상승, 무기력감, 피로감, 면역력 저하 현상이 생깁니다.

② 둘째, 세로토닌(Serotonin)입니다.

이것을 '평온 호르몬'이라고 부릅니다. 세로토닌이 부족하면 우울증이 옵니다. 반대로 세로토닌이 충분하면 마음이 평안합니다. 2017년 미국 존스홉킨스 대학 연구팀이 말씀 묵상 기도를 하는 사람들의 세로토닌 수치를 측정했습니다. 평균 30% 증가했습니다. 더 놀라운 것은 세로토닌이 면역력을 올린다는 사실입니다. 2019년 스탠퍼드 대학 연구팀이 발견했는데, 세로토닌이 T세포와 NK세포를 활성화시킨다고 합니다."

③ 셋째, 도파민(Dopamine)은 의욕과 행복을 일으키는 보상 호르몬입니다.

이것은 인간의 의욕, 쾌락, 학습과 기억, 집중력 향상, 운동을 조절하는 뇌의 핵심 호르몬이자 뇌의 신경전달물질로써 중뇌(midbrain)의 흑질(substantia nigra)과 복측피개영역(VTA)에서 만들어집니다. 도파민은 균형이 중요합니다. 부족하면 무기력, 우울감, 의욕 저하, 쾌감 결핍, 파키슨 병을 유발시킵니다. 도파민이 과다하면 충동적 행동, 중독, 조증, 환각 가능성, 조현병을 유발시킵니다. 그리고 평온 호르몬 세로토닌과 의욕 호르몬 도파민이 균형을 잡아줄 때 몸과 마음이 가장 건강한 상태가 됩니다.

한 집사님이 물으셨습니다.

"선생님, 그럼 찬양이나 기도를 많이 하면 항우울제를 먹는 것과 비슷한 효과가 있나요?"

"어느 정도 그렇습니다. 물론 중증 우울증은 약이 필요합니다. 하지만 가벼운 우울이나 예방 차원에서는 찬양과 기도와 감사가 큰 도움이 됩니다."

"내 영혼아 네가 어찌하여 낙심하며 어찌하여 내 속에서 불안해 하는가? 너는 하나님께 소망을 두라. 나는 그가 나타나 도우심으로 말미암아 내 하나님을 여전히 찬송하리로다"(시편 42:11).

하나님께 소망을 두라고 했습니다. 그러면 낙심과 불안이 사라집니다. 이것이 세로토닌의 역할입니다.

(3) NK세포 활성도 상승

이제 가장 중요한 부분입니다. 기도가 정말 NK세포를 올릴까요? 2016년 한국 서울대학교 의대 연구팀이 놀라운 연구를 발표했습니다. 암 환자 60명을 두 그룹으로 나눴습니다. 한 그룹은 매일 30분씩 기도와 찬양을 하게 했고, 다른 그룹은 일반적인 치료만 받게 했습니다. 12주 후에 NK세포 활성도를 측정했습니다. 결과가 어떻게 나왔을까요?

강의실이 조용해졌습니다. 모두가 숨죽이며 기다렸습니다.

기도와 찬양을 한 그룹의 NK세포 활성도가 평균 55% 증가했습니다!

"와!"

여기저기서 탄성이 터져 나왔습니다.

"55%요? 정말요?"

네, 통계적으로 유의미한 차이였습니다. p-value(실험이나 연구 결과가 우연히 나타났을 가능성의 수치)가 0.001 미만이었습니다. 즉, 우연이 아니라는 뜻입니다. 더 놀라운 것은 일반 치료만 받은 그룹은 NK세포가 거의 변화가 없었다는 겁니다. 기도와 찬양이 직접적으로 NK세포를 활성화시켰다는 증거입니다. 어떻게 그럴 수 있을까요? 앞에서 설명한 메커니즘을 종합하면 이렇습니다.

기도/찬양/감사

↓

뇌 변화 (전두엽 활성화, 편도체 진정)

↓

신경계 변화 (부교감신경 활성화)

↓

호르몬 변화 (코르티솔↓, 엔돌핀↑, 세로토닌↑, 도파민↑)

↓

면역 변화 (NK세포↑, T세포↑)

기도가 이 모든 과정을 시작합니다. 그리고 최종적으로 면역력이 올라갑니다. 이것이 영적인 것을 과학으로의 증명입니다. 믿음 생활의 결과에서 나타난 측정 가능한 생리학적 변화입니다.

"항상 기뻐하라. 쉬지 말고 기도하라. 범사에 감사하라. 이것이 그리스도 예수 안에서 너희를 향하신 하나님의 뜻이니라"(데살로니가전서 5:16-18).

쉬지 말고 기도하라고 했습니다. 이것이 면역력을 올리는 가장 좋은 방법입니다.

(4) 감사의 치유력

기도 중에서도 특히 강력한 것은 바로 감사 기도입니다.

한 권사님이 물으셨습니다.

"목사님, 감사가 왜 특별한가요?"

좋은 질문입니다. 감사는 가장 강력한 치유의 감정입니다.

① 감사 일기 쓰기 실험 결과

2003년 미국 UC 데이비스의 로버트 에먼스(Robert Emmons) 박사가 유명한 실험을 했습니다. 대학생들을 세 그룹으로 나눴습니다.

첫 번째 그룹: 매일 감사한 일 5가지를 일기로 쓰게 했습니다.

두 번째 그룹: 매일 짜증나는 일 5가지를 쓰게 했습니다.

10주 후에 결과를 비교했습니다.

첫 번째 그룹(감사 일기 그룹)은 어떻게 되었을까요? 행복도가 25% 증가했습니다. 운동량이 증가했습니다. 통증이 감소했습니다. 수면의 질이 좋아졌습니다. 면역 글로불린 수치가 증가했습니다.

두 번째 그룹(불평 일기 그룹)은 어떻게 되었을까요? 행복도가 오히려 감소했습니다. 신체 증상이 증가했습니다. 수면 장애가 생겼습니다.

감사와 불평의 차이가 이렇게 큽니다. 2011년 하버드 의대에서는 더 구체적으로 면역 기능을 측정했습니다. 감사 일기를 쓴 그룹의 NK세포 활성도가 12주 후 평균 35% 증가했습니다. 또한 염증 반응을 나타내는 지표인 CRP(C-Reactive Protein)가 감소했습니다.

한 집사님이 놀라며 말씀하셨습니다.

"감사 일기만 썼는데 그렇게 변한다고요?"

네, 감사는 강력합니다. 우리 뇌를 바꾸고, 몸을 바꿉니다.

"범사에 감사하라. 이것이 그리스도 예수 안에서 너희를 향하신 하나님의 뜻이니라"(데살로니가전서 5:18).

범사에 감사하라고 했습니다. 좋은 일에만 감사하는 게 아닙니다. 모든 일에 감사하라고 했습니다.

왜일까요?

감사가 우리를 치유하기 때문입니다.

② 감사 호흡법의 과학적 근거

본부에서 가르치는 '감사 호흡법'이 있습니다. 7-7-7 호흡이라고도 부릅니다.

첫째, 7초 동안 코로 깊게 숨을 들이마십니다. 이때 '감사합니다' 하고 마음속으로 말합니다.

둘째, 7초 동안 숨을 멈춥니다. 이때 감사한 일을 떠올립니다.셋째, 7초 동안 입으로 천천히 내쉽니다. 이때 '감사합니다'

하고 다시 말합니다. 이것을 3회 반복합니다.

총 63초입니다. 하루에 아침, 점심, 저녁 세 번만 하세요.

하루 3분이면 됩니다.

한 장로님이 물으셨습니다.

"목사님, 이게 과학적 근거가 있나요?"

여러 연구가 있는데 대표적인 것을 소개하겠습니다.

2014년 미국 하트매스 연구소(HeartMath Institute)에서 연구했습니다. 감사하는 마음으로 깊은 호흡을 할 때 무슨 일이 일어날까요?

첫째, 심박 변이도(Heart Rate Variability, HRV)가 증가합니다. HRV는 뭐냐? 심장 박동 간격의 변화입니다. HRV가 높으면 자율신경이 건강하다는 뜻입니다. 건강한 사람은 심장이 규칙적이면서도 유연하게 뜁니다. 상황에 맞게 빨라지기도 하고 느려지기도 합니다. 그런데 스트레스를 많이 받거나 건강이 안 좋으면 HRV가 낮아집니다. 심장이 경직됩니다. 감사 호흡을 하면 HRV가 증가합니다. 자율신경이 건강해집니다.

둘째, 부교감신경이 활성화됩니다. 부교감신경은 휴식과 회복을 담당합니다. 부교감신경이 활성화되면 몸이 치유 모드로 들어갑니다.

셋째, 코르티솔이 감소하고 DHEA가 증가합니다. DHEA는 '젊음의 호르몬'이라고 불립니다. 면역력을 올리고, 노화를 늦춥니다.

넷째, IgA(면역 글로불린 A)가 증가합니다. IgA는 점막 면역을 담당합니다. 감기나 감염을 막아줍니다.

단지 3분 감사 호흡을 했을 뿐인데 이 모든 변화가 일어납니다. 그래서 본부에서는 모든 환우분들께 감사 호흡을 가르칩니다."

"여호와께 감사하라. 그는 선하시며 그의 인자하심이 영원함이로다"(시편 107:1).

여호와께 감사하라고 했습니다. 감사가 치유를 가져옵니다."

3. 신앙과 장수의 상관관계 연구들

신앙이 있는 사람이 더 오래 산다는 것이 과학적으로 증명되었습니다.

한 집사님이 놀라며 물으셨습니다.

"정말요? 그게 어떻게 증명돼요?"

수많은 연구가 있습니다. 대표적인 것들을 소개하겠습니다.

연구 1. 듀크 대학의 장수 연구

1997년 미국 듀크 대학에서 4,000명을 대상으로 6년간 추적 연구했습니다. 결과가 뭐였을까요? 정기적으로 예배에 참석하는 사람들의 사망률이 46% 낮았습니다. 거의 절반입니다!

왜 그럴까요?

첫째, 건강한 생활 습관입니다. 신앙이 있는 사람들은 술, 담배를 덜 합니다. 건강 관리를 더 잘합니다.

둘째, 스트레스 관리입니다. 기도와 말씀 묵상으로 스트레스를 해소합니다.

셋째, 사회적 지지입니다. 교회 공동체가 있어서 외롭지 않습니다.

연구 2. 하버드 대학의 75년 추적 연구

하버드 대학에서 1938년부터 75년간 724명을 추적 관찰했습니다. 인류 역사상 가장 긴 추적 연구입니다.

무엇이 사람을 건강하고 행복하게 만드는가?

결론이 뭐였을까요?

돈도 아니고, 명예도 아니고, 권력도 아니었습니다. 관계였습니다. 좋은 관계가 사람을 건강하고 행복하게 만듭니다. 특히 신앙 공동체 안에서의 관계가 중요했습니다. 정기적으로 종교 활동을 하는 사람들이 더 건강하고, 더 오래 살고, 더 행복했습니다.

연구 3. 텍사스 대학의 암 생존율 연구

2016년 미국 텍사스 대학 MD 앤더슨 암센터에서 연구했습니다. 암 환자 2,000명을 대상으로 5년 생존율을 조사했습니다. 신앙이 있고 정기적으로 기도하는 그룹의 5년 생존율이 높았습니다. 특히 말기 암 환자의 경우 차이가 더 컸습니다.

신앙이 있는 그룹: 5년 생존율 38%

신앙이 없는 그룹: 5년 생존율 22%

왜 그럴까요?

연구팀이 분석한 결과:

첫째, 희망이 있습니다. 신앙이 있는 사람들은 포기하지 않습니다.

둘째, 면역력이 높습니다. 기도와 찬양으로 NK세포가 활성화됩니다.

셋째, 치료 순응도가 높습니다. '하나님이 주신 생명'이라고 생각하며 열심히 치료받습니다.

넷째, 사회적 지지가 있습니다. 교회 식구들이 돕고 기도해 줍니다."

"그가 장수하므로 그를 만족하게 하며 나의 구원을 그에게 보이리로다"(시편 91:16).

하나님을 의지하는 자에게 장수를 약속하셨습니다. 과학이 이것을 증명하고 있습니다.

4. 교회 공동체와 사회적 지지의 면역학적 가치

혼자 아파본 사람 있으세요?

여러 손이 올라갔습니다.

"외로웠죠?

"힘들었죠?"

다들 고개를 끄덕였습니다.

사람은 혼자 살 수 없습니다. 특히 아플 때는 더욱 그렇습니다. 사회적 고립이 건강에 얼마나 해로운지 아세요?

(1) 외로움과 면역학적 관계

2015년 브리검영 대학에서 메타 분석을 했습니다. 148개 연구, 30만 명의 데이터를 분석했습니다. 결과가 놀랍습니다.

사회적 고립의 사망률 증가: 50%

비만의 사망률 증가: 30%

음주의 사망률 증가: 20%

외로움이 비만이나 음주보다 더 위험합니다! 왜 그럴까요? 2017년 UCLA(University of California, Los Angeles) 연구팀이 밝혀냈습니다. 외로운 사람들의 혈액을 분석했더니 염증 수치가 높았습니다. CRP, IL-6 같은 염증 지표들이 증가했습니다. 또한 NK세포 활성도가 낮았습니다. T세포 기능도 약했습니다. 외로움이 면역 시스템을 약화시킵니다. 반대로 좋은 관계가 있으면 면역력이 올라갑니다.

(2) 교회 공동체의 치유력

2018년 미국 예일 대학에서 연구했습니다. 종교 공동체에 속한 사람들의 면역 기능을 측정했습니다. 결과는 NK세포 활성도가 평균 35% 높았습니다. 스트레스 호르몬이 낮았습니다. 염증 수치가 낮았습니다. 수면의 질이 좋았습니다.

왜 교회 공동체가 특별할까요?

첫째, 영적 지지입니다. 함께 기도하고, 찬양하고, 말씀을 나눕니다.

둘째, 정서적 지지입니다. 슬플 때 함께 울고, 기쁠 때 함께 웃습니다.

셋째, 실제적 도움입니다. 아플 때 찾아오고, 필요할 때 돕습니다. 넷째, 소속감입니다. '나는 혼자가 아니다. 이 공동체의 일원이다' 느낍니다.

"서로 돌아보아 사랑과 선행을 격려하며 모이기를 폐하는 어떤 사람들의 습관과 같이 하지 말고 오직 권하여 그날이 가까움을 볼수록 더욱 그리하자"(히브리서 10:24-25).

모이기를 폐하지 말라고 했습니다. 왜냐하면 함께 모일 때 서로 격려하고 힘을 얻기 때문입니다. 이것이 면역학적으로도 맞는 말입니다.

"너희가 짐을 서로 지라 그리하여 그리스도의 법을 성취하라."(갈라디아서 6:2).

짐을 서로 지라고 했습니다. 혼자 지지 말고 함께 지라고 했습니다. 암이라는 무거운 짐을 혼자 질 수 없습니다. 함께 져야 합니다.

(3) 실제 사례: 한 집사님의 완전한 회복

한 집사님 이야기를 해드리겠습니다.

췌장암 4기 진단을 받으셨습니다. 의사는 6개월이라고 했습니다.

집사님은 절망했습니다. 췌장암 4기는 5년 생존율이 3%밖에 안 됩니다. 거의 사형 선고나 마찬가지입니다.

"하나님, 왜 저한테 이런 일이 생겼습니까?"

원망하고, 화내고, 울었습니다. 그러다가 한부본 소식을 듣고 오셨습니다.

① 첫 달: 감사 훈련

본부에서 가장 먼저 가르친 것이 감사였습니다.

집사님, 감사할 일을 찾으세요.

"무슨 감사요? 암에 걸렸는데요?"

그래도 감사할 일이 있습니다. 찾아보세요.

처음에는 억지로 했습니다.

"오늘도 살아있어서 감사합니다."

"밥을 먹을 수 있어서 감사합니다."

"가족이 있어서 감사합니다."

매일 감사 일기를 썼습니다. 처음에는 한두 줄이었습니다. 하지만 점점 늘어났습니다.

2주쯤 지났을 때 변화가 왔습니다.

"목사님, 신기해요. 감사하니까 마음이 평안해져요. 암이 있는데도 감사할 일이 이렇게 많았네요."

② 두 번째 달: 기도와 찬양

매일 아침 30분 기도하기로 작정했습니다.

감사 기도를 했습니다. 간구 기도도 했습니다.

"하나님, 저를 치유해 주세요. 하지만 하나님의 뜻이 이루어지기를 원합니다."

찬양도 들었습니다. 출퇴근할 때, 집에서, 병원 가는 길에...

"찬양을 들으면 힘이 나요. 희망이 생겨요."

③ 세 번째 달: 교회 공동체의 지지

교회에서 중보기도팀이 만들어졌습니다. 10명의 식구들이 매일 돌아가며 기도했습니다.

심방도 왔습니다. 일주일에 한 번씩 집에 와서 함께 기도하고 찬양했습니다.

식사도 가져왔습니다.

집사님, 몸에 좋은 음식 해왔어요.

"너무 감사해요. 제가 혼자였으면 포기했을 거예요. 근데 이렇게 많은 분들이 저를 위해 기도하고 도와주시니까 힘이 나요."

④ **6개월 후**

정기 검진을 받으러 갔습니다. 의사가 6개월이라고 했던 그 시점입니다.

CT를 찍었습니다. 의사가 결과를 보더니 깜짝 놀랐습니다.

'집사님, 이게 어떻게 된 일이죠? 종양이 많이 작아졌어요.'

"기도했습니다. 그리고 감사했습니다. 그리고 많은 분들이 저를 위해 기도해 주셨습니다."

의사가 고개를 끄덕였습니다.

'의학적으로 설명하기 어렵네요. 하지만 좋은 일입니다. 계속 이렇게 관리하세요.'

⑤ **1년 후**

종양이 더 줄어들었습니다. 암 표지자 수치도 정상에 가까워졌습니다.

항암 치료를 중단할 수 있었습니다.

'이제 관찰만 하면 됩니다. 3개월에 한 번씩 검진받으세요.'

⑥ **3년 후**

'완전 관해(complete remission)입니다. 종양이 거의 보이지 않습니다.

집사님, 기적이에요. 췌장암 4기에서 이렇게 회복되는 경우는 드뭅니다.'

"하나님의 은혜입니다. 그리고 감사와 기도와 공동체의 힘입니다."

지금 5년이 지났습니다. 여전히 건강하십니다. 재발하지 않으셨습니다.

본부에서 간증을 하셨습니다.

"여러분, 저는 죽을 뻔했습니다. 의사가 6개월이라고 했어요. 근데 지금 5년째 살고 있어요. 무엇이 저를 살렸을까요? 물론 항암 치료도 받았습니다. 하지만 그것만으로는 부족했습니다.

감사가 저를 살렸습니다. 매일 감사 일기를 썼어요. 감사 호흡을 했어요.

기도가 저를 살렸습니다. 매일 아침 30분씩 하나님과 대화했어요.

찬양이 저를 살렸습니다. 찬양을 들으며 희망을 얻었어요.

공동체가 저를 살렸습니다. 혼자였으면 포기했을 거예요. 근데 많은 분들이 저를 위해 기도하고 격려하고 도와주셨어요.

여러분, 포기하지 마세요. 감사하세요. 기도하세요. 찬양하세요. 공동체 안에 머무세요. 하나님이 여러분을 치유하실 것입니다."

박수가 터져 나왔습니다. 여러분들이 눈물을 흘렸습니다.

제4부

전인적 예방과 치유와 통합적 실천 전략

제13장

육체의 관리와 NK세포 깨우기

1. 유방암 2기 환자의 결심

수요 기도회 후 한 집사님이 다가오셨습니다. 유방암 2기 진단을 받고 항암 치료 중이십니다.

"목사님, 결심했습니다."

무엇을요?

"지금까지는 영적인 것만 중요하다고 생각했어요. 기도하고 성경 읽고... 몸은 그냥 대충 관리했어요. 근데 지난주에 목사님 말씀 듣고 깨달았어요. 내 몸도 하나님이 주신 성령의 전이잖아요. 잘 관리해야죠. 이제부터 몸도 제대로 관리하겠습니다. 잘 자고, 잘 먹고, 운동하고... NK세포를 깨우겠습니다."

좋은 결심입니다! 그런데 구체적으로 어떻게 하실 건가요?

"그게... 잘 모르겠어요. 가르쳐 주세요."

좋습니다. 오늘부터 실천 가능한 구체적인 방법들을 알려드리겠습니다.

(1) 수면 혁명

가장 먼저 바꿔야 할 것이 수면입니다.

본부 강의실에 30여 명이 모였습니다. 오늘 주제는 'NK세포 깨우기 실천편'입니다.

여러분, 밤에 몇 시간 주무세요?"

"5시간요."

"6시간이요."

"4시간도 안 될 때가 있어요."

대부분 수면이 부족했습니다.

수면이 부족하면 NK세포가 약해진다는 것, 8장에서 배웠죠?

"네, 기억나요. 독일 연구에서 단 하룻밤만 안 자도 NK세포가 70% 감소한다고 했잖아요."

맞습니다. 그래서 수면이 가장 중요합니다.

(2) 7-8시간 수면의 과학

그럼 몇 시간을 자야 할까요? 최소 7시간, 이상적으로는 8시간입니다. 2019년 미국 국립보건원(NIH)에서 발표한 가이드라인입니다.

왜 7-8시간일까요?

수면에는 주기가 있습니다. 약 90분마다 한 주기입니다. 한 주기 안에 4단계가 있습니다.

1단계: 얕은 수면 (10분)
2단계: 중간 수면 (20분)
3단계: 깊은 수면 (40분)
REM 수면: 꿈 수면 (20분)

깊은 수면 단계에서 우리 몸이 회복됩니다. 성장호르몬이 분비되고, 면역세포가 재생되고, NK세포가 활성화됩니다. REM 수면 단계에서는 뇌가 회복됩니다. 기억이 정리되고, 감정이 조절됩니다. 7-8시간을 자야 이 주기가 4-5번 반복됩니다. 그래야 충분한 회복이 일어납니다.

한 장로님이 물으셨습니다.

"저는 5시간만 자도 괜찮은데요. 개인차 아닌가요?"

좋은 질문입니다. 단기적으로는 괜찮을 수 있습니다. 하지만 장기적으로는 문제가 됩니다. 2018년 영국 워릭 대학에서 100만 명을 대상으로 연구했습니다. 6시간 이하로 자는 사람들의 사망률이 13% 높았습니다. 암 발생률도 높았습니다. 몸이 적응한 것처럼 느껴지지만, 실제로는 서서히 망가지고 있는 겁니다.

"너희가 일찍이 일어나고 늦게 누우며 수고의 떡을 먹음이 헛되도다. 그러므로 여호와께서 그의 사랑하시는 자에게는 잠을 주시는도다"(시편 127:2).

하나님이 사랑하시는 자에게 잠을 주신다고 했습니다. 잠은 하나님의 선물입니다. 거부하지 마세요.

(3) 밤 11시~새벽 3시, 황금 수면 시간

잠을 자는 시간대도 중요합니다. 밤 11시부터 새벽 3시까지, 이 4시간이 황금 시간입니다.

한 집사님이 물으셨습니다.

"왜요? 밤 12시에 자서 아침 8시에 일어나도 8시간인데, 차이가 있나요?"

큰 차이가 있습니다. 우리 몸에는 생체 시계가 있습니다. 영어로 Circadian Rhythm입니다. 태양이 지면 우리 몸은 이제 잘 시간이다라고 판단합니다. 멜라토닌이라는 수면 호르몬을 분비합니다. 멜라토닌은 보통 밤 9-10시부터 나오기 시작해서 새벽 2-3시에 최고조에 달합니다. 이 시간에 자야 멜라토닌이 제대로 작용합니다. 그런데 밤 12시 넘어서 자면 어떻게 될까요? 멜라토닌 분비가 어긋납니다. 수면의 질이 떨어집니다.

또한 성장호르몬도 밤 11시~새벽 2시 사이에 가장 많이 나옵니다. 성장호르몬은 어린이만 필요한 게 아닙니다. 성인도 필요합니다. 세포 재생, 면역력 강화, 근육 회복... 모두 성장호르몬이 합니다. 이 시간에 안 자면 성장호르몬을 놓칩니다. 2016년 서울대 의대 연구팀이 발표한 논문을 보면, 밤 11시 전에 자는 사람들의 NK세포 활성도가 12시 이후에 자는 사람들보다 40% 높았다고 합니다. 같은 7시간을 자도 언제 자느냐에 따라 결과가 다릅니다.

한 권사님이 한숨을 쉬셨습니다.

"목사님, 저는 밤에 잠이 안 와요. 뒤척이다가 새벽 2-3시에 겨우 잠들어요."

이해합니다. 불면증이 있으신 거죠. 그럼 어떻게 해야 할까요?

(4) 수면의 질 높이는 10가지 습관

수면의 질을 높이는 방법들이 있습니다. 하나씩 실천해보세요.

① 규칙적인 수면 시간 정하기

매일 같은 시간에 자고 같은 시간에 일어나세요. 주말에도 마찬가지입니다. 주말에 몰아서 자면 되지라고 생각하는데, 그러면 생체 시계가 어긋납니다. 저는 밤 10시 30분에 자고 아침 6시 30분에 일어납니다. 매일 같은 시간입니다. 처음 2주는 힘듭니다. 하지만 3주째부터는 몸이 적응합니다. 알람 없이도 일어나집니다.

② 잠들기 1시간 전, 스마트폰 끄기

이게 가장 어려울 겁니다. 하지만 가장 중요합니다. 스마트폰에서 나오는 블루라이트가 수면과 생체 리듬을 조절하는 멜라토닌(Melatonin) 호르몬 분비를 억제합니다. 2017년 하버드 의대 연구에서, 잠들기 전 2시간 동안 스마트폰을 본 사람들의 멜라토닌이 55% 감소했다고 합니다. 그럼 어떻게 하나요? 밤 9시 이후에는 스마트폰을 침실 밖에 두세요. 대신 책을 읽거나 기도하세요.

한 집사님이 말씀하셨습니다.

"목사님, 그게 안 돼요. SNS 확인해야 하고, 뉴스도 봐야 하고..."

필요 없습니다. 내일 봐도 됩니다. 건강이 더 중요합니다.

③ 침실을 어둡고 시원하게

침실은 최대한 어둡게 하세요. 완전히 깜깜해야 합니다. 작은 LED 불빛도 멜라토닌에 영향을 줍니다. 시계, 충전기, 공기청정기... 모든 불빛을 가리세요. 암막 커튼을 설치하세요. 가로등 불빛도 차단하세요. 그리고 시원하게 하세요. 이상적인 온도는 18-20도입니다. 좀 춥다 싶을 정도가 좋습니다. 이불을 덮고 자면 됩니다.

④ 저녁 식사는 일찍 가볍게

저녁을 너무 늦게 먹거나 과식하면 잠을 못 잡니다. 소화하느라 몸이 바쁘니까요. 저녁은 잠들기 3시간 전에 먹으세요. 7시에 자려면 4시에 저녁을 먹어야 합니다... 아니 10시에 자려면 7시까지 저녁을 먹어야 합니다. 그리고 가볍게 먹으세요. 과일, 샐러드, 죽 같은 것이 좋습니다.

⑤ 카페인은 오후 2시까지만

커피를 끊으라는 게 아닙니다. 시간을 조절하라는 겁니다. 카페인의 반감기는 5-6시간입니다. 오후 3시에 커피를 마시면 밤 9시에도 절반이 남아있습니다. 그래서 오후 2시 이후에는 카페인을 피하세요. 커피, 녹차, 에너지 음료, 콜라... 모두 카페인이 들어있습니다.

⑥ 낮잠은 20분 이내

낮잠을 너무 오래 자면 밤에 잠이 안 옵니다. 20분 이내로 자세요. 그 이상 자면 깊은 잠에 들어가서 일어나기도 힘들고 밤 수면에 영향을 줍니다.

⑦ 규칙적인 운동

운동하면 잠을 잘 잡니다. 하지만 시간이 중요합니다. 저녁 늦게 격렬한 운동을 하면 오히려 잠을 못 잡니다. 몸이 흥분 상태가 되니까요. 운동은 아침이나 오후에 하세요. 저녁에는 가벼운 스트레칭 정도만 하세요.

⑧ 따뜻한 물로 샤워하기

잠들기 1-2시간 전에 따뜻한 물로 샤워하세요. 체온이 올라갔다가 내려가면서 졸음이 옵니다. 욕조가 있으면 반신욕을 해도 좋습니다. 20-30분 정도 합니다.

⑨ 이완 호흡법

침대에 누워서 7-7-7 호흡을 하세요. 7초 들이마시고, 7초 멈추고, 7초 내쉬고... 3회 반복. 이것을 하면 부교감신경이 활성화됩니다. 몸이 이완되고 잠이 옵니다.

⑩ 감사 기도

마지막으로 감사 기도를 하세요. 오늘 감사한 일 5가지를 떠올리며 기도하세요. 걱정을 하나님께 맡기세요. 하나님, 내 일 일은 하나님이 아시니 저는 편히 자겠습니다.

"내가 평안히 눕고 자기도 하리니 나를 안전히 살게 하시는 이는 오직 여호와이시니이다"(시편 4:8).

이 말씀을 묵상하고 주무세요.

한 집사님이 말씀하셨습니다.
"목사님, 10가지 다 하려니까 부담스러운데요?"
한꺼번에 다 하려고 하지 마세요. 하나씩 추가하세요. 이번 주에는 스마트폰 끄기만 하세요. 다음 주에는 규칙적인 시간 지키기를 추가하세요. 천천히, 하나씩, 습관으로 만드세요.

2. 체온 1도 올리기

다음으로 중요한 것이 체온입니다. 8장에서 배웠죠? 체온이 1도 떨어지면 면역력이 30% 감소한다고. 반대로 체온이 1도 올라가면 면역력이 30% 증가합니다. 그럼 어떻게 체온을 올릴까요?

① 운동: 주 3회 중강도 운동의 힘

첫 번째 방법은 운동입니다. 근육이 열을 만듭니다. 근육량이 많으면 체온이 높습니다. 어떤 운동을 해야 할까요? 중강도 운동이 가장 좋습니다. 중강도가 뭐냐? 숨이 약간 차지만 대화는 할 수 있는 정도입니다. 빠르게 걷기, 자전거 타기, 수영, 등산... 이런 것들입니다. 얼마나 해야 할까요? 미국 암협회(American Cancer Society)의 권장 사항입니다.

② 주 150분의 중강도 운동 또는 주 75분의 고강도 운동

주 150분이면 하루 30분씩 5일입니다. 또는 주 3회, 1회 50분씩 해도 됩니다.

한 장로님이 물으셨습니다.

"목사님, 저는 70대인데 그렇게 할 수 있을까요?"

나이는 상관없습니다. 자기 수준에 맞게 하면 됩니다. 70대면 빠른 걷기가 좋습니다. 매일 30분씩 걸으세요. 처음에는 천천히 시작하세요. 10분부터 시작해서 점차 늘리세요. 2015년 미국 국립노화연구소(NIA)에서 발표한 논문을 보면, 65세 이상 노인들이 주 3회 30분씩 걷기 운동을 했더니 NK세포 활성도가 45% 증가했다고 합니다. 나이 들어도 운동하면 효과가 있습니다.

한 집사님이 물으셨습니다.

"암 환자는 어떻게 해야 하나요? 항암 치료받으면 너무 힘든데요."

항암 치료 중에도 가능한 만큼 움직이세요. 2018년 미국 임상종양학회(ASCO)에서 가이드라인을 발표했습니다. 항암 치료 중에도 주 150분 운동을 권장합니다. 물론 힘들면 줄이세요. 10분이라도 좋습니다. 중요한 건 매일 조금씩이라도 움직이는 겁니다. 침대에만 누워있으면 근육이 빠지고, 체온이 떨어지고, 면역력이 더 떨어집니다. 움직이세요. 천천히라도 걸으세요.

③ 족욕과 반신욕

두 번째 방법은 족욕과 반신욕입니다. 족욕은 발을 따뜻한 물에 담그는 겁니다. 어떻게 하나요? 발이 들어갈 정도의 통에 40도 정도의 물을 담습니다. 발목까지 잠기게 담그세요. 20-30분 담그세요. 물이 식으면 뜨거운 물을 더 넣으세요. 이렇게 하면 혈액 순환이 좋아집니다. 온몸이 따뜻해집니다. 생강이나 쑥을 넣으면 더 좋습니다.

반신욕은 배꼽까지 물에 잠기게 하는 겁니다. 38-40도의 물에 20-30분 담그세요. 너무 뜨거우면 안 됩니다. 심장에 부담이 가니까요. 편안하다 싶은 온도가 좋습니다. 반신욕 중에 책을 읽거나 기도해도 좋습니다.

한 권사님이 말씀하셨습니다.

목사님, 저 족욕 시작한 지 2주 됐는데요. 신기해요. 잠도 잘 오고 몸이 가벼워진 것 같아요.

좋습니다. 계속하세요. 매일 하면 체온이 올라갑니다.

④ 따뜻한 음식과 차

세 번째 방법은 따뜻한 음식을 먹는 겁니다. 차가운 음식을 많이 먹으면 체온이 떨어집니다. 아이스 아메리카노, 아이스크림, 냉장 음식, 생과일... 이런 것들이 몸을 차갑게 만듭니다. 따뜻한 음식을 드세요. 따뜻한 물이나 차를 마시세요. 특히 생강차가 좋습니다. 생강은 몸을 따뜻하게 하는 대표적인 식품입니다.

"생강차 만드는 법:"
생강 50g을 얇게 썬다
물 1리터에 넣고 끓인다
20분 정도 약한 불로 끓인다
꿀을 넣어서 마신다
매일 2-3잔 마시세요. 대추차, 계피차, 쑥차도 좋습니다. 음식도 따뜻하게 드세요. 국, 찌개, 죽... 이런 것들이 좋습니다."

3. NK세포 강화식단

이제 가장 중요한 부분입니다. 무엇을 먹느냐? NK세포를 강화하는 음식들이 있습니다.

① 베타글루칸(β-Glucan) 버섯의 힘

베타클루칸은 대식세포와 NK세포와 T세포를 활성화시키는천연다당류입니다. 첫 번째는 버섯입니다. 버섯에는 베타글루칸이라는 성분이 있습니다. 1980년대부터 일본에서 연구되기 시작했습니다. 1989년 일본 도쿄대학 연구팀이 발표한 논문을 보면, 베타글루칸을 섭취한 그룹의 NK세포 활성도가 60% 증가했다고 합니다. 어떤 버섯이 좋을까요?

표고버섯: 베타글루칸 함량이 높습니다

느타리버섯: 가격이 저렴하고 구하기 쉽습니다

새송이버섯: 식감이 좋아 요리하기 좋습니다

양송이버섯: 비타민 D도 풍부합니다

영지버섯: 약용으로 쓰입니다

상황버섯: 항암 효과로 유명합니다

매일 100-200g 정도 드세요. 볶아도 좋고, 국에 넣어도 좋고, 구워도 좋습니다. 저는 아침마다 버섯을 볶아서 먹습니다. 표고버섯, 느타리버섯, 새송이버섯을 섞어서 한 줌 정도. 올리브 오일에 마늘과 함께 볶으면 맛있습니다."

한 집사님이 말씀하셨습니다.

"목사님, 저는 버섯을 싫어하는데요."

그럼 버섯 가루를 사세요. 요리할 때 넣으면 됩니다. 또는 버섯 보충제를 드셔도 됩니다. 베타글루칸 함량이 표시되어 있습니다.

② 비타민 D는 햇빛과 생선에서

비타민 D가 부족하면 NK세포가 약해집니다. 2017년 미국 국립보건원(NIH)에서 발표한 논문을 보면, 비타민 D가 부족한 암 환자들의 생존율이 낮았다고 합니다. 비타민 D는 어디서 얻나요?

첫째, 햇빛입니다. 햇빛을 쬐면 피부에서 비타민 D가 만들어집니다. 하루 20-30분 햇빛을 쬐세요. 얼굴과 팔을 노출하세요. 오전 10시~오후 2시 사이가 가장 좋습니다. 자외선이 강한 시간입니다.

둘째, 음식입니다.
고등어: 비타민 D가 가장 풍부합니다
연어: 오메가-3도 풍부합니다
참치: 단백질도 좋습니다
달걀노른자: 매일 먹기 쉽습니다
우유: 비타민 D가 강화되어 있습니다

셋째, 보충제입니다. 한국인의 90% 이상이 비타민 D가 부족합니다. 음식과 햇빛만으로는 부족할 수 있습니다. 비타민 D 보충제를 드세요. 하루 1,000-2,000 IU가 적당합니다. 혈액 검사에서 비타민 D 수치를 확인하세요. 30 ng/mL 이상이 정상입니다."

③ 프로바이오틱스(Probiotics)

세 번째는 프로바이오틱스입니다. 이것은 장내 미생물 균형과 면역 건강에 도움을 주는 균입니다. 장 건강이 면역력을 좌우합니다. 왜냐하면 우리 몸 면역세포의 70%가 장에 있기 때문입니다. 장이 건강하면 면역력이 강합니다. 장 건강을 위해서는 프로바이오틱스가 필요합니다. 프로바이오틱스는 유익한 장내 세균입니다. 2016년 네덜란드 라드바우드 대학 연구팀이 발표한 논문을 보면, 프로바이오틱스를 섭취한 그룹의 NK세포 활성도가 40% 증가했다고 합니다.

"어떤 음식에 프로바이오틱스가 많을까요?"
김치: 한국의 대표 발효식품입니다

된장: 콩을 발효시킨 것입니다
청국장: 발효 기간이 짧아 유산균이 살아있습니다
요구르트: 유산균이 풍부합니다
케피어: 요구르트보다 균 종류가 많습니다
사워크라우트: 양배추를 발효시킨 것입니다

"매일 발효식품을 드세요. 김치는 매 끼니마다, 된장국은 하루 한 번, 요구르트는 간식으로. 프로바이오틱스 보충제를 드셔도 좋습니다. 100억~500억 CFU가 적당합니다."

④ 항산화 영양소: 채소와 과일

네 번째는 항산화 영양소입니다. 활성산소가 세포를 손상시킵니다. NK세포도 손상받습니다. 항산화 영양소가 활성산소를 제거합니다.

대표적인 항산화 영양소는?
비타민 C: 브로콜리, 파프리카, 키위, 딸기
비타민 E: 견과류, 아보카도, 올리브 오일
베타카로틴: 당근, 호박, 고구마
셀레늄: 브라질너트, 참치, 마늘
폴리페놀: 베리류, 녹차, 다크 초콜릿

하루에 채소 5접시, 과일 2접시를 드세요. 색깔이 진한 채소와 과일이 항산화 성분이 많습니다. 빨강(토마토, 딸기), 주황(당근, 호박), 노랑(파프리카, 바나나), 초록(브로콜리, 시금치), 보라

(가지, 블루베리). 무지개 색깔로 먹으세요.

(한 권사님의 3개월 후 간증)

3개월 후, 한 권사님이 간증하셨습니다.

"여러분, 제가 목사님 말씀대로 실천했습니다.

첫째, 수면을 바꿨습니다. 밤 10시 30분에 자고 아침 6시 30분에 일어났습니다. 스마트폰도 9시 이후에는 안 봤습니다. 처음 2주는 힘들었어요. 잠이 안 왔어요. 하지만 3주째부터 몸이 적응했어요. 이제는 알람 없이도 일어나요."

"둘째, 체온을 올렸습니다. 매일 족욕을 했습니다. 일주일에 3번은 반신욕을 했습니다. 생강차를 매일 마셨습니다. 평소 체온이 35.8도였는데 지금은 36.5도예요."

"셋째, 운동을 시작했습니다. 매일 아침 30분씩 걸었습니다. 처음에는 10분도 힘들었어요. 하지만 점차 늘렸어요. 지금은 40분도 거뜬해요."

"넷째, 식단을 바꿨습니다. 매일 버섯을 먹었어요. 발효식품도 매 끼니 먹었어요. 채소와 과일을 많이 먹었어요. 처음에는 번거로웠어요. 하지만 2주쯤 지나니까 익숙해졌어요."

"그리고 어제 NK세포 검사 결과를 받았어요. 3개월 전에는 정상의 40%였어요. 그런데 어제 결과는..."

잠시 멈추셨습니다. 눈물이 글썽였습니다.

"정상의 95%예요!"

"와!"

박수가 터져 나왔습니다.

거의 정상이에요. 의사 선생님도 놀라셨어요. 권사님, 뭘 하셨어요? 잘 자고, 운동하고, 잘 먹었어요 했더니 계속 그렇게 하세요 하시더라고요. 여러분, 포기하지 마세요. 우리 몸은 회복될 수 있어요. NK세포는 깨어날 수 있어요. 잘 자고, 체온 올리고, 운동하고, 잘 먹으세요. 하나님이 우리 몸을 치유하십니다.

제14장

혼(마음) 치유

1. 감정과 생각 다스리기 실천편

(한 장로님의 고백)

"목사님, 저는 몸은 관리할 수 있을 것 같아요. 잘 자고, 운동하고, 잘 먹으면 되잖아요."

본부 상담실에서 한 장로님이 말씀하셨습니다. 60대 초반인데 폐암 3기 진단을 받으셨습니다.

"그런데 마음이 문제예요. 자꾸 불안해요. 밤에 자려고 누우면 '재발하면 어떡하지? 죽으면 어떡하지?' 생각이 끊이질 않아요. 낮에는 괜찮은 척해요. 가족들 걱정시키기 싫어서요. 근데 혼자 있을 때는 무너져요. 화도 많이 나요. '왜 나한테만 이런 일이?' '하나님은 왜 이걸 막지 않으셨을까?' 원망도 돼요."

눈물이 흘렀습니다.

“목사님, 마음은 어떻게 관리해야 하나요?”

“좋은 질문입니다. 오늘은 마음을 치유하는 구체적인 방법들을말씀드리겠습니다. 육체 관리는 제13장에서 배웠습니다.”

본부 강의실에 40여 명이 모였습니다. 오늘 주제는 ‘마음 치유 실천편’입니다.

스트레스가 암의 가장 큰 적이라는 것을 11장에서 배웠죠?”

“네, 기억나요. 스트레스가 코르티솔을 올리고, 코르티솔이 NK세포를 억제한다고 했잖아요.”

맞습니다. 그렇다면 어떻게 스트레스를 관리할까요?

(1) 7-7-7 감사 호흡법

가장 간단하면서도 강력한 방법이 감사 호흡법입니다. 12장에서 언급했는데, 오늘은 자세히 배우겠습니다. 어떻게 하는지 함께 해보겠습니다. 편하게 앉으세요.

첫째, 7초 동안 코로 깊게 숨을 들이마십니다. 배가 부풀어 오르도록. 배까지 공기가 들어가게 하세요. 이때 마음속으로 ‘감사합니다’ 하고 말하세요.

시작합니다. (하나, 둘, 셋, 넷, 다섯, 여섯, 일곱)

둘째, 7초 동안 숨을 멈춥니다. 이때 감사한 일 하나를 떠올리세요. 뭐든 좋습니다. ‘오늘 날씨가 좋아서 감사합니다’ 이런 것도 좋습니다. (하나, 둘, 셋, 넷, 다섯, 여섯, 일곱)

셋째, 7초 동안 입으로 천천히 내쉽니다. '후~' 소리를 내면서 길게 내쉬세요. 이때 '감사합니다' 하고 다시 말하세요.

(하나, 둘, 셋, 넷, 다섯, 여섯, 일곱)

이것이 1회입니다. 3회 반복하세요."

다시 두 번 더 반복했습니다.

"다 하셨어요? 어떠세요?"

"마음이 편해졌어요."

"뭔가 차분해진 것 같아요."

"가슴이 뻥 뚫린 느낌이에요."

여기저기서 반응이 나왔습니다.

이것이 7-7-7 감사 호흡법입니다.

왜 효과가 있을까요?

첫째, 깊은 호흡이 부교감신경을 활성화시킵니다. 부교감신경은 휴식과 회복을 담당합니다.

둘째, 감사하는 마음이 뇌를 변화시킵니다. 12장에서 배웠죠? 감사가 세로토닌을 증가시키고 코르티솔을 감소시킨다고.

셋째, 7초라는 시간이 심박수와 일치합니다. 심장이 안정됩니다.

2014년 하트매스 연구소에서 이것을 증명했습니다. 감사 호흡을 하면 심박변이도(HRV)가 증가합니다.

"이것을 언제 하나요?"

하루 3번 하세요. 아침에 일어나서, 점심 먹고 나서, 저녁에 자기 전에. 한 번에 3회, 총 63초입니다. 1분밖에 안 걸립니다. 스트레스를 느낄 때마다 하세요. 화가 날 때, 불안할 때, 답답할 때... 즉시 7-7-7 호흡을 하세요. 3주만 하면 습관이 됩니다. 그러면 몸이 자동으로 반응합니다.

"아무 것도 염려하지 말고 다만 모든 일에 기도와 간구로, 너희 구할 것을 감사함으로 하나님께 아뢰라. 그리하면 모든 지각에 뛰어난 하나님의 평강이 그리스도 예수 안에서 너희 마음과 생각을 지키시리라"(빌립보서 4:6-7).

감사함으로 기도하라고 했습니다. 그러면 평강이 온다고 했습니다. 7-7-7 감사 호흡이 바로 이것을 실천하는 방법입니다.

(2) 말씀 묵상 시간

두 번째 스트레스 관리 방법은 말씀 묵상입니다.

한 집사님이 물으셨습니다.

"목사님, 말씀 묵상은 어떻게 해요?

좋은 질문입니다. 말씀 묵상은 명상과 다릅니다. 불교식 명상은 '무(無)'를 추구합니다. 아무 생각도 하지 않으려고 합니다. 하지만 기독교식 말씀 묵상은 다릅니다. 하나님의 말씀을 깊이 생각합니다. '무'가 아니라 '말씀'으로 채웁니다.

어떻게 하는지 보여드리겠습니다. 먼저 짧은 성경 구절 하나를 선택합니다.

"여호와는 나의 목자시니 내게 부족함이 없으리로다"(시편 23: 1).

이 구절을 천천히 소리 내어 읽습니다. 그리고 한 단어씩 묵상합니다.

'여호와는' - 하나님이십니다. 창조주이십니다. 전능하신 분이십니다.

'나의' - 나의 하나님이십니다. 개인적인 관계입니다.

'목자시니' - 양을 돌보시는 분이십니다. 먹이시고, 인도하시고, 보호하십니다.

'내게' - 나에게. 나에게 직접 관심을 가지십니다.

'부족함이' - 무엇이 부족한가? 건강? 재정? 평안? 생각해 봅니다.

'없으리로다' - 채워주실 것입니다. 미래형입니다. 약속입니다.

이렇게 한 구절을 10-20분 묵상합니다. 그러면 말씀이 내 마음에 들어옵니다. 위로가 되고, 힘이 되고, 평안이 옵니다."

"언제 하나요?"

아침이 가장 좋습니다. 하루를 시작하기 전에 말씀으로 마음을 채우세요. 조용한 곳에서 하세요. 방해받지 않는 곳. 핸드폰은 꺼두세요. 온전히 하나님과의 시간입니다.

"오직 여호와의 율법을 즐거워하여 그의 율법을 주야로 묵상하는도다"(시편 1:2).

주야로 묵상하라고 했습니다. 낮에도 밤에도 말씀을 묵상하라고 했습니다. 말씀 묵상이 마음을 치유합니다.

(3) 자연과의 교감과 산림욕의 효과

세 번째 스트레스 관리 방법은 자연과의 교감입니다. 자연에 있는 식물이 스스로 병균이나 곰팡이, 해충으로부터 자신을 보호하기 위하여 내뿜는 천연 항균물질인 피톤치드(Phyton cide)가 나와서 항균, 항바이러스, 스트레스 완화, 면역력을 강화하고, 정신 안정시킵니다. 특히 숲속에서 산림욕을 하는 것입니다.

숲에서 걷고, 나무를 보고, 새소리를 듣고, 자연을 느끼는 것입니다. 이것이 스트레스를 줄이고 면역력을 올린다는 것이 과학적으로 증명되었습니다.

2010년 일본 치바 대학 연구팀이 발표한 논문을 보겠습니다. 도시에서 걷는 그룹과 숲에서 걷는 그룹을 비교했습니다. 똑같이 40분 걸었습니다. 결과가 어땠을까요?

숲에서 걷는 그룹은 코르티솔 12% 감소, 혈압 감소, 심박수 감소, 부교감신경 활성화되었습니다. 더 놀라운 것은 면역력입니다.

2007년 일본 니혼 의대 연구팀이 발표한 논문입니다. 도시 거주자들을 숲으로 3일간 보냈습니다. 하루 2시간씩 숲에서 걸었습니다. 그리고 NK세포 활성도를 측정했습니다. 얼마나 올라갔을까요?"50% 증가했습니다!"

"와!" 여기저기서 탄성이 터져 나왔습니다.

“더 놀라운 것은 지속 기간입니다. 도시로 돌아온 후에도 효과가 30일간 지속되었습니다. 왜 그럴까요? 나무가 피톤치드를 방출합니다. 이것이 공기 중에 있습니다. 우리가 숲에서 숨을 쉬면 피톤치드를 들이마십니다. 피톤치드가 NK세포를 활성화시킵니다. 또한 숲속에서 들려오는 새소리, 색깔, 향기가 우리 뇌를 안정시킵니다. 초록색이 눈을 편안하게 합니다. 새소리가 귀를 편안하게 합니다. 흙냄새가 마음을 편안하게 합니다.”

한 권사님이 물으셨습니다.

“목사님, 우리 동네에는 큰 숲이 없는데요?”

작은 공원도 좋습니다. 나무가 있는 곳이면 됩니다. 산책로를 걸으세요. 천천히 걸으면서 나무를 보고, 하늘을 보고, 바람을 느끼세요. 일주일에 2-3번, 30분씩만 하세요. 가능하면 주말에 산이나 숲으로 가세요. 등산까지는 아니어도 가볍게 산책하세요.

“하늘이 하나님의 영광을 선포하고 궁창이 그의 손으로 하신 일을 나타내는도다.”(시편 19:1).

자연이 하나님의 영광을 선포한다고 했습니다. 자연 속에서 하나님을 만나세요. 나무를 보면서, 꽃을 보면서, 새를 보면서 창조주 하나님을 묵상하세요. 그러면 마음이 치유됩니다.

(4) 부정적 감정 해소

이제 구체적으로 부정적 감정을 다루는 방법을 배우겠습니다. 부정적 감정이 면역력을 떨어뜨린다고. 분노, 불안, 슬픔, 원망... 이런 감정들을 어떻게 해소할까요?

① 분노 다스리기: 용서의 기도

먼저 분노입니다. 분노는 가장 강력한 파괴적 감정입니다. 자기를 먼저 파괴합니다. 분노를 다스리는 가장 좋은 방법은 용서입니다. 하지만 용서가 쉽지 않죠?

여러분들이 고개를 끄덕였습니다.

용서는 감정이 아닙니다. 결단입니다. '용서하고 싶어서' 용서하는 게 아닙니다. '용서하기로 결단해서' 용서하는 겁니다. 어떻게 하나요? 용서하는 기도를 하세요.

② 용서의 기도

"하나님 아버지,
저는 지금 (이름)을 용서하기로 결단합니다.
OOO가 제게 한 OO허물을 용서합니다.
저는 더 이상 그것을 붙들고 있지 않겠습니다.
그것을 십자가에 못 박습니다.
예수님께서 저를 용서하신 것처럼
저도 OOO을 용서합니다.
OOO에게 하나님의 축복이 있기를 기도합니다.
예수님의 이름으로 기도합니다. 아멘."

이 기도를 매일 하세요. 처음에는 입으로만 할 겁니다. 마음은 안 따라옵니다. 괜찮습니다. 계속하세요. 매일 기도하세요. 3주, 4주, 8주... 계속하다 보면 어느 날 진짜 용서가 됩니다.

한 집사님이 간증하셨습니다.

"목사님 말씀대로 했어요. 시어머니를 용서하는 기도를요. 처음 2주는 그냥 말만 했어요. '나는 시어머니를 용서합니다' 하면서도 속으로는 '절대 못 용서해'라고 생각했어요. 근데 3주째 되던 날 새벽에 기도하는데 갑자기 시어머니가 불쌍하게 느껴졌어요. '저 분도 힘들었겠구나. 남편 잃고, 혼자 아들 키우고, 며느리한테 의지하려고 했는데 잘 안 됐으니...' 이런 생각이 들더라고요. 그러니까 눈물이 났어요. 미움이 녹는 것 같았어요. 지금은 시어머니가 미워하지 않아요. 오히려 불쌍해요."

"서로 친절하게 하며 불쌍히 여기며 서로 용서하기를 하나님이 그리스도 안에서 너희를 용서하심과 같이 하라"(에베소서 4:32).

하나님이 우리를 용서하신 것처럼 서로 용서하라고 했습니다. 용서가 분노를 치유합니다.

(5) 불안 극복하기

두 번째는 불안입니다. 불안은 암 환자들이 가장 많이 겪는 감정입니다. '재발하면 어떡하지?' '죽으면 어떡하지?' '가족들은 어떡하지?' 이런 불안이 밤낮으로 괴롭힙니다. 불안을 극복하는 방법은 믿음의 고백입니다. 어떻게 하나요? 성경 구절을 크게 소리 내어 선포하세요.

(6) 말씀의 선포와 믿음

"내가 사망의 음침한 골짜기로 다닐지라도 해를 두려워하지 않을 것은 주께서 나와 함께 하심이라"(시편 23:4).

"내가 두려워하는 날에는 주를 의지하리이다"(시편 56:3).

"두려워하지 말라 내가 너와 함께 함이라. 놀라지 말라. 나는 네 하나님이 됨이라. 내가 너를 굳세게 하리라. 참으로 너를 도와주리라. 참으로 나의 의로운 오른손으로 너를 붙들리라"(이사야 41:10).

"평안을 너희에게 끼치노니 곧 나의 평안을 너희에게 주노라. 내가 너희에게 주는 것은 세상이 주는 것과 같지 아니하니라. 너희는 마음에 근심하지도 말고 두려워하지도 말라"(요한복음 14:27).

이 구절들을 외우세요. 불안이 올라올 때마다 크게 소리 내어 선포하세요. '내가 두려워하는 날에는 주를 의지하리이다!' 소리 내는 게 중요합니다. 귀로 들어야 합니다. 처음에는 믿어지지 않을 겁니다. '주를 의지하리이다'라고 말하면서도 속으로는 불안할 겁니다. 괜찮습니다. 계속 선포하세요. 반복하다 보면 믿음이 생깁니다.

“믿음은 들음에서 나며 들음은 그리스도의 말씀으로 말미암았느니라”(로마서 10:17).

들음에서 믿음이 나온다고 했습니다. 말씀을 들어야 믿음이 생깁니다. 자기가 선포한 말씀을 자기 귀로 들으세요. 그러면 믿음이 생깁니다.

한 장로님이 간증하셨습니다.

“저도 불안이 심했어요. 밤에 잠을 못 잤어요. 목사님 말씀대로 시편 23편을 외웠어요. 불안할 때마다 큰 소리로 선포했어요. ‘내가 사망의 음침한 골짜기로 다닐지라도 해를 두려워하지 않을 것은 주께서 나와 함께 하심이라!’ 처음에는 떨리는 목소리였어요. 근데 계속하니까 목소리에 힘이 생기더라고요. 한 달쯤 지나니까 정말 불안이 줄어들었어요. 밤에 잘 자게 됐어요. 말씀의 능력이 놀라워요.”

(7) 슬픔을 치유하는 감사 일기

세 번째는 슬픔입니다. 암 진단을 받으면 슬픕니다. 상실감이 옵니다. ‘왜 나한테 이런 일이?’ ‘내 인생 끝났나?’ 슬픔에 빠집니다. 슬픔을 치유하는 방법은 감사입니다. ‘슬픈데 어떻게 감사해요?’ 물으실 겁니다. 어렵습니다. 하지만 가능합니다. 감사 일기를 쓰세요.

감사 일기 쓰는 법

매일 저녁, 잠들기 전에

오늘 감사한 일 5가지를 쓴다.

규칙:
구체적으로 쓴다. (추상적 X)
작은 것도 쓴다.
다른 사람이 아닌 나의 감사를 쓴다.
반복해도 좋다.
예를 들어볼까요?

나쁜 예:
건강해서 감사합니다. (너무 추상적)
가족이 있어서 감사합니다. (너무 일반적)

좋은 예:
오늘 아침 밥을 맛있게 먹을 수 있어서 감사합니다.
오후에 햇살이 따뜻해서 감사합니다.
딸이 전화해서 안부를 물어줘서 감사합니다.
오늘 통증이 어제보다 덜해서 감사합니다.
잠자리에 편하게 누울 수 있어서 감사합니다.

작은 것들입니다. 하지만 구체적입니다. 이것을 매일 쓰세요. 처음에는 3개도 찾기 어려울 겁니다. 억지로라도 쓰세요. 2주쯤 지나면 5개가 쉬워집니다. 한 달쯤 지나면 10개도 찾을 수 있습니다. 왜냐하면 뇌가 바뀌기 때문입니다. 감사를 찾으려고 하면 뇌가 감사할 일을 찾기 시작합니다. 평소에는 못 보던 것들이 보입니다. 2003년 로버트 에먼스 박사의 연구, 제12장에서 배웠죠? 감사 일기를 쓴 그룹이 행복도 25% 증가,

NK세포 35% 증가. 감사가 슬픔을 치유합니다.

"범사에 감사하라. 이것이 그리스도 예수 안에서 너희를 향하신 하나님의 뜻이니라"(데살로니가전서 5:18).

범사에 감사하라고 했습니다. 좋은 일에만 감사하는 게 아닙니다. 나쁜 일 가운데서도 감사를 찾으라고 했습니다. 암에 걸린 것은 나쁜 일입니다. 하지만 그 가운데서도 감사를 찾을 수 있습니다. '암 때문에 건강의 소중함을 알게 되어 감사합니다.' '암 때문에 가족의 사랑을 느끼게 되어 감사합니다.' '암 때문에 하나님을 더 깊이 만나게 되어 감사합니다.'

(8) 원망을 버리는 중보기도

네 번째는 원망입니다. 원망은 독입니다. 자기를 먼저 해칩니다. 원망을 버리는 방법은 중보기도입니다. '중보기도요? 내가 원망하는 사람을 위해 기도하라고요?' 네, 맞습니다. 예수님이 뭐라고 하셨습니까?

"나는 너희에게 이르노니 너희 원수를 사랑하며 너희를 박해하는 자를 위하여 기도하라"(마태복음 5:44).

원수를 사랑하고, 박해하는 자를 위해 기도하라고 했습니다. 어떻게 그럴 수 있나요? 억지로라도 하세요. 매일 그 사람을 위해 기도하세요. '하나님, OOO를 축복해 주세요. OOO를 건강하게 하시고, OOO의 가정을 지켜주세요.' 처음에는 입에서 안 나올 겁니다. 그 사람 이름만 생각해도 치가 떨리는데 축복 기도라니요! 괜찮습니다. 억지로라도 하세요. 매일 기도하세요. 신기한 일이 일어납니다. 기도하다 보면 그 사람에 대한 미움이 줄어듭니다. 왜냐하면 미워하면서 동시에 축복할 수 없기 때문입니다. 축복 기도를 하면 마음이 바뀝니다.

한 권사님이 간증하셨습니다.

"저는 남편을 원망했어요. 10장에서 제 이야기 나왔잖아요. 남편이 바람을 피웠었거든요. 목사님이 중보기도하라고 하셨어요. '남편을 위해 매일 축복 기도하세요.' 처음에는 못 하겠더라고요. '그 사람을 위해 기도? 절대 안 돼!' 근데 목사님이 '억지로라도 하세요'라고 하셔서 했어요. '하나님... 남편을... 축복해... 주세요...' 이렇게 떨리는 목소리로. 한 달쯤 지나니까 좀 나아졌어요. 기도가 좀 부드러워졌어요. 3개월쯤 지나니까 진짜로 남편이 잘 되기를 바라게 됐어요. 원망이 사라졌어요. 이제는 남편이 불쌍해 보여요. 중보기도가 저를 자유하게 했어요.

(9) 긍정적 마음 훈련

지금까지 부정적 감정을 해소하는 방법을 배웠습니다. 이제는 긍정적 마음을 훈련하는 방법을 배우겠습니다.

(10) 감사 습관 21일 프로젝트

첫 번째는 감사 습관 21일 프로젝트입니다. 습관이 만들어지는 데 21일이 걸린다고 합니다. 21일 동안 매일 감사를 실천하면 감사가 습관이 됩니다.

21일 감사 프로젝트

매일:

아침: 일어나자마자 감사 3가지 말하기

낮: 감사한 일이 생길 때마다 '감사합니다' 말하기

저녁: 감사 일기 5가지 쓰기

추가 미션:

매일 한 사람에게 감사 표현하기

일주일에 한 번 감사 편지 쓰기

21일 동안 이것을 실천하세요. 달력에 체크하세요. 하루라도 빠뜨리면 처음부터 다시 시작하세요. 21일을 채우세요. 21일 후에는 감사가 자동으로 나옵니다.

한 집사님이 간증하셨습니다.

"저 21일 프로젝트 했어요. 처음에는 힘들었어요. 아침에 일어나서 감사 3가지 말하는 것도 버거웠어요. 근데 점점 쉬워졌어요. 2주째부터는 3개가 아니라 10개도 나왔어요. 21일을 채우고 나니까 신기했어요. 자동으로 감사가 나오더라고요. 예전에는 짜증나는 일이 생기면 '아, 짜증나' 했는데, 이제는 '그래도 이런 점은 감사해'라고 생각하게 돼요. 뇌가 바뀐 것 같아요."

(11) 긍정 확언(Affirmation) 만들기

두 번째는 긍정 확언입니다. Affirmation이라고 합니다. 긍정적인 문장을 반복해서 말하는 겁니다. 왜 효과가 있을까요?

우리 뇌는 반복되는 말을 믿습니다. '나는 병든 사람이야' 계속 말하면 뇌가 그것을 믿습니다. '나는 건강해지고 있어' 계속 말하면 뇌가 그것을 믿습니다. 어떻게 만드나요?

긍정 확언 만드는 법

규칙:
현재형으로 쓴다. ('~할 것이다' X)
긍정적으로 쓴다. ('~하지 않는다' X)
구체적으로 쓴다.
감정을 담는다.

나쁜 예:
나는 암을 이길 것이다. (미래형)
나는 더 이상 아프지 않다. (부정형)

좋은 예:
나는 지금 이 순간 치유되고 있다.
내 몸의 NK세포가 활발하게 일하고 있다.
나는 건강하고 활력이 넘친다.
나는 하나님의 치유를 경험하고 있다.
나는 강하고 담대하다.

이것을 매일 10번씩 말하세요. 거울을 보면서 하면 더 좋습니다. 아침에 일어나서, 저녁에 자기 전에. 처음에는 거짓말 같을 겁니다. '내가 건강하고 활력이 넘친다고? 거짓말이잖아.'

괜찮습니다. 계속 말하세요. 뇌는 반복되는 말을 믿기 시작합니다. 그러면 몸도 따라옵니다. 2016년 카네기 멜론 대학 연구팀이 발표한 논문을 보면, 긍정 확언을 한 그룹이 스트레스 호르몬이 낮아지고 문제 해결 능력이 향상되었다고 합니다.

"죽고 사는 것이 혀의 힘에 달렸나니 혀를 쓰기 좋아하는 자는 혀의 열매를 먹으리라"(잠언 18:21).

혀의 힘이 죽고 사는 것을 결정한다고 했습니다. 부정적인 말을 하면 죽음이 옵니다. 긍정적인 말을 하면 생명이 옵니다. 생명의 말을 하세요.

(12) 웃음 치료의 과학적 증명

세 번째는 웃음입니다. 웃음이 정말 치료 효과가 있을까요? 있습니다. 과학적으로 증명되었습니다. 3장에서 잠깐 언급했는데, 오늘은 자세히 보겠습니다.

1964년 노먼 커즌스(Norman Cousins)라는 사람이 있었습니다. 강직성 척추염이라는 희귀병에 걸렸습니다. 의사들이 포기했습니다. 그런데 그가 특이한 치료를 시작했습니다. 매일 3시간씩 코미디 영화를 봤습니다. 크게 웃었습니다. 10분 웃으면 2시간 동안 통증 없이 잘 수 있었습니다. 신기하게도 병이 호전되기 시작했습니다. 완전히 치유되었습니다. 이 일이 계기가 되어 웃음과 면역의 관계를 연구하기 시작했습니다.

1996년 일본 츠쿠바 대학 연구, 12장에서 배웠죠? 암 환자들에게 3시간 코미디를 보여줬더니 NK세포 활성도가 40% 증가. 2011년 미국 로마 린다 대학에서도 연구했습니다. 웃을 때 우리 몸에서 일어나는 변화는 이렇습니다.

엔돌핀 증가: 행복 호르몬, 통증 감소

코르티솔 감소: 스트레스 호르몬 감소

면역 글로불린 증가: 감염 예방

NK세포 활성도 증가: 암세포 제거

혈액 순환 개선: 산소 공급 증가

웃으면 이 모든 일이 일어납니다.
"그럼 어떻게 웃나요? 웃을 일이 없는데요."
좋은 질문입니다. 웃을 일이 없어도 웃을 수 있습니다.

(13) 웃음 훈련법

거울 웃음

거울 앞에 서서 억지로라도 웃는다
'하하하' 소리를 낸다
처음에는 가짜 웃음, 곧 진짜 웃음이 된다

웃음 말씀 묵상

아침에 일어나서 이유 없이 웃는다
5분간 '하하하 호호호' 웃는다
배꼽 잡고 웃는다

코미디 보기

매일 30분 코미디 프로그램을 본다
웃긴 영상을 모아둔다
웃을 때 참지 말고 크게 웃는다

웃음 클럽

웃음 치료 모임에 참여한다
함께 웃으면 더 잘 웃어진다

한부본에서도 매주 집회 때마다 웃음 치료 시간이 있습니다. 다 같이 모여서 웃습니다. 처음 오신 분들은 어리둥절해합니다. '이게 뭐야? 이유도 없이 웃으라고?' 하지만 해보면 압니다. 웃다 보면 진짜 재미있어집니다. 한 번 해볼까요? 다 같이 웃어봅시다. 손을 머리 위로 올리세요. 하~ 내리면서 하하하!

처음에는 어색하게 웃었습니다. 하지만 계속하니 진짜 웃음이 나왔습니다. 강의실이 웃음소리로 가득 찼습니다.

"마음의 즐거움은 양약이라도 심령의 근심은 뼈를 마르게 하느니라"(잠언 17:22).

마음의 즐거움이 양약이라고 했습니다. 웃음이 최고의 치료제입니다.

(한 집사님의 변화된 간증)

3개월 후, 한 집사님이 간증하셨습니다.

“여러분, 저 3개월 전 기억나세요? 제가 얼마나 우울했는지. 유방암 진단받고 매일 울었어요. 불안하고, 화나고, 원망스럽고... 근데 목사님 말씀대로 실천했습니다.

첫째, 7-7-7 감사 호흡을 매일 3번씩 했습니다. 아침, 점심, 저녁. 그리고 스트레스받을 때도 했습니다.

둘째, 말씀 묵상과 묵상 시간을 가졌습니다. 매일 아침 30분씩 말씀을 묵상했습니다.

셋째, 일주일에 2번 공원에 갔습니다. 나무를 보고, 새소리를 듣고, 자연을 느꼈습니다.

넷째, 부정적 감정을 다뤘습니다. 용서의 기도를 했습니다. 믿음의 고백을 했습니다. 감사 일기를 썼습니다.

다섯째, 긍정적 마음을 훈련했습니다. 21일 감사 프로젝트를 했습니다. 긍정 확언을 매일 말했습니다. 웃음 훈련을 했습니다.

처음에는 힘들었어요. 억지로 하는 것 같았어요. 근데 점점 바뀌었어요. 2주째부터 마음이 가벼워지는 게 느껴졌어요. 한 달째부터는 웃음이 나왔어요. 진짜 기쁨이 생겼어요. 지금은 완전히 다른 사람이 된 것 같아요. 불안이 사라졌어요. 밤에 잘 자요. 화도 안 나요. 감사가 먼저 나와요.

그리고 어제 검사 결과를 받았어요. NK세포 활성도가 3개월 전보다 60% 올라갔어요. 의사 선생님도 놀라셨어요. 여러분, 마음을 관리하세요. 마음이 몸을 바꿉니다. 감사하고, 긍정적으로 생각하고, 웃으세요. 하나님이 우리를 치유하십니다.”

제15장

영적 건강과 하나님과의 관계 회복

(한 권사님의 질문)

수요 기도회 후 한 권사님이 다가오셨습니다. 위암 3기로 항암 치료를 마치셨습니다.

"목사님, 저는 지난 3개월 동안 열심히 했어요. 잘 자고, 운동하고, 잘 먹었어요. 감사 일기도 쓰고, 웃음 훈련도 하고... 13장, 14장에서 배운 거 다 실천했어요. 몸도 좋아졌어요. NK 세포도 올라갔고요. 근데 목사님... 뭔가 허전해요. 제가 뭔가를 놓치고 있는 것 같아요."

"무엇을 놓치고 있다고 생각하세요?"

"하나님이요. 저 열심히 했는데, 다 제힘으로 한 것 같아요. 하나님께 기도는 했지만... 형식적이었던 것 같아요. 하나님과의 관계가 깊어지지 않았어요. 그냥 병 고치려고 이것저것 한 것 같아요. 목사님, 진짜 중요한 게 뭔가요?"

눈물이 글썽였습니다.

정말 중요한 질문입니다. 오늘은 그 이야기를 하겠습니다. 지금까지 우리는 육체 관리(제13장), 마음 관리(제14장)를 배웠습니다. 오늘은 가장 중요한 것, 영적 건강을 배우겠습니다.

1. 영적 건강이 가장 중요한 이유

본부 강의실에 50여 명이 모였습니다. 오늘은 15장 마지막 실천편, '영적 건강'입니다.

9장에서 배웠죠? 사람은 영, 혼, 육으로 이루어졌다고. 세 영역 중 어느 것이 가장 중요할까요?

한 장로님이 대답하셨습니다.

"영입니다. 영이 혼과 육에 영향을 주니까요."

정확합니다!

영 (중심) → 혼 (중간) → 육 (외부)

영이 건강해야 혼이 건강하고, 혼이 건강해야 육이 건강합니다. 반대로 영이 병들면 혼도 병들고, 육도 병듭니다. 우리가 아무리 몸을 관리해도, 마음을 관리해도, 영이 병들어 있으면 완전한 치유가 일어나지 않습니다. 그렇다면 영적 건강이란 무엇일까요? 하나님과의 관계가 회복되는 것입니다.

"영생은 곧 유일하신 참 하나님과 그가 보내신 자 예수 그리스도를 아는 것이니이다"(요한복음 17:3).

영생은 하나님을 아는 것이라고 했습니다. 지식으로 아는 게 아닙니다. 관계로 아는 겁니다. 하나님과 친밀한 관계를 맺는 것, 이것이 영적 건강입니다.

2. 기도 생활의 실제

그렇다면 어떻게 하나님과 친밀한 관계를 맺을까요?

첫 번째 방법은 기도입니다.

기도에도 여러 종류가 있습니다. 그중에서 가장 먼저 해야 할 것이 감사 기도입니다. 3장에서 잠깐 언급했는데, 오늘은 자세히 배우겠습니다. 왜 감사 기도가 먼저일까요?

"범사에 감사하라. 이것이 그리스도 예수 안에서 너희를 향하신 하나님의 뜻이니라"(데살로니가전서 5:18).

범사에 감사하라고 했습니다. 이것이 하나님의 뜻입니다. 감사는 하나님과의 관계를 여는 문입니다. 불평하면서 하나님께 가까이 갈 수 없습니다. 감사해야 하나님께 가까이 갈 수 있습니다. 어떻게 감사 기도를 할까요?

(1) 매일 감사 기도 방법

아침 기상 직후 (5분)

하나님, 오늘도 살게 하시니 감사합니다.

오늘 하루를 주시니 감사합니다.

건강을 주시니 감사합니다.

식사 전 (1분)
하나님, 이 음식을 주시니 감사합니다.
이 음식이 내 몸에 약이 되게 하소서.

저녁 취침 전 (10분)
하나님, 오늘 감사한 일 5가지를 고백합니다.
(구체적으로 5가지를 말한다)
내일도 인도하소서. 아멘.

이것을 매일 하세요. 습관이 되면 자동으로 감사가 나옵니다. 12장에서 배웠죠? 감사가 NK세포를 35% 증가시킨다고. 감사는 영적으로도 좋고, 육체적으로도 좋습니다.

한 집사님이 간증하셨습니다.

"저 매일 감사 기도 시작했어요. 아침에 일어나자마자 하나님 감사합니다 하고 시작해요. 처음에는 감사할 게 없는 것 같았어요. 암에 걸렸는데 뭘 감사해요? 근데 억지로라도 했어요. 오늘도살아있어서 감사합니다.

숨 쉴 수 있어서 감사합니다.

2주쯤 지나니까 진짜 감사가 느껴지더라고요. 정말 감사한 일이네 하고. 지금은 감사할 일이 너무 많아요. 하루에 10가지도 넘어요. 마음이 평안해졌어요. 하나님이 가까이 느껴져요."

(2) 치유 기도의 원리

두 번째는 치유 기도입니다. 어떻게 치유 기도를 할까요?”

한 권사님이 물으셨습니다.

“목사님, 저는 매일 하나님 저를 고쳐주세요 하고 기도하는데요. 이게 치유 기도 아닌가요?”

그것도 치유 기도입니다. 하지만 더 효과적인 방법이 있습니다. 치유 기도의 3단계를 알려드리겠습니다.

1단계: 고백

하나님, 저는 지금 (질병 이름)으로 아픕니다.

제 몸이 약합니다. 제힘으로는 할 수 없습니다.

도와주소서.

2단계: 믿음

하나님은 치유하시는 분이십니다.

예수님께서 십자가에서 제 병을 담당하셨습니다.

그의 채찍에 내가 나음을 입었습니다.

저는 이것을 믿습니다.

3단계: 간구

하나님, 저를 치유하소서.

제 몸의 암세포를 제거하소서.

NK세포를 강하게 하소서.

주님의 능력으로 저를 온전케 하소서.

예수님의 이름으로 기도합니다. 아멘.

이렇게 기도하세요.

1단계에서 솔직하게 고백합니다. 숨기지 마세요. 하나님은 다 아십니다.

2단계에서 믿음을 선포합니다. 하나님이 치유하신다는 것을 믿음으로 선포하세요.

3단계에서 구체적으로 간구합니다. 고쳐주세요가 아니라 암세포를 제거하소서, NK세포를 강하게 하소서 구체적으로 기도하세요.

"그가 찔림은 우리의 허물 때문이요 그가 상함은 우리의 죄악 때문이라. 그가 징계를 받으므로 우리는 평화를 누리고 그가 채찍에 맞으므로 우리는 나음을 입었도다"(이사야 53:5).

예수님이 채찍에 맞으신 것은 우리의 치유를 위해서입니다. 이미 이루어진 일입니다. 2000년 전 십자가에서 이미 이루어졌습니다. 우리는 그것을 믿음으로 받아야 합니다.

"친히 나무에 달려 그 몸으로 우리 죄를 담당하셨으니 이는 우리로 죄에 대하여 죽고 의에 대하여 살게 하려 하심이라. 그가 채찍에 맞음으로 너희는 나음을 얻었느니라."(베드로전서 2:24).

나음을 얻었느니라는 과거형입니다. 이미 얻었습니다. 우리는 이것을 믿음으로 받아야 합니다.

(3) 금식 기도와 면역력

세 번째는 금식 기도입니다.

한 장로님이 물으셨습니다.

"목사님, 금식이요? 암 환자가 금식을 해도 되나요? 영양이 필요한데요."

좋은 질문입니다. 장기 금식은 권하지 않습니다. 하지만 짧은 금식은 오히려 도움이 됩니다. 2014년 미국 USC 대학 연구팀이 놀라운 연구를 발표했습니다. 암 환자들에게 항암 치료 전 24-48시간 금식하게 했습니다. 결과가 어땠을까요? 항암 치료 부작용이 50% 감소했습니다.

왜 그럴까요? 금식하면 우리 몸이 생존 모드로 들어갑니다. 정상세포들이 자기를 보호합니다. 하지만 암세포는 보호 메커니즘이 없습니다. 그래서 항암제에 더 민감해집니다. 또한 금식은 자가포식(Autophagy)을 활성화시킵니다. 자가포식이란 세포가 자기 안의 손상된 부분을 청소하는 겁니다. 일종의 대청소입니다. 2016년 일본 오스미 요시노리 박사가 이것으로 노벨상을 받았습니다. 금식이 자가포식을 활성화시켜서 세포를 건강하게 만듭니다.

그럼 어떻게 금식할까요? 암 환자에게 권하는 금식은 이렇습니다.

(4) 암 환자를 위한 금식

간헐적 단식

16시간 금식, 8시간 식사

예:

저녁 7시~다음 날 아침 11시까지 금식
물은 자유롭게 마심

24시간 금식 (주 1회)

저녁 식사 후 다음 날 저녁까지
물, 차는 가능
체력이 되는 경우만

3일 금식 (분기 1회)

전문가 상담 후에,
물, 차, 채소 국물만
체력이 충분한 경우에만 금식합니다.

금식할 때는 반드시 기도와 함께하세요. 금식은 단순히 안 먹는 게 아닙니다. 하나님을 더 깊이 만나기 위한 것입니다. 금식하면서 기도 시간을 늘리세요. 이 말씀을 더 묵상하세요.

"기도 외에 다른 것으로는 이런 종류가 나가지 아니하느니라."(마태복음 17:21).

어떤 것들은 금식 기도해야 나갑니다. 질병의 영, 죽음의 영... 이런 것들은 금식 기도로 물리칠 수 있습니다.

한 집사님이 간증하셨습니다.
"저 매주 월요일 저녁부터 화요일 저녁까지 24시간 금식 기도를 시작했어요. 처음에는 배고팠어요. 힘들었어요. 이거 해야 하나 생각했어요. 근데 3주째부터 달라졌어요. 금식하면서 기도하니까 하나님이 가까이 느껴졌어요. 머리가 맑아지고, 기도가 잘 됐어요. 말씀도 더 깊이 이해됐어요. 몸도 가벼워졌어요. 소화도 잘 되고 피부도 좋아졌어요. 금식 기도가 영적으로도 좋고 육체적으로도 좋더라고요."

3. 말씀 묵상

하나님과 친밀한 관계를 맺는 두 번째 방법은 말씀 묵상입니다.

치유와 건강에 관한 성경 구절들

성경에는 치유와 건강에 관한 구절이 많습니다. 이것을 묵상하세요.

"나는 너희를 치료하는 여호와임이라."(출애굽기 15:26).

"내 영혼아 여호와를 송축하며 그의 모든 은택을 잊지 말지어다. 그가 네 모든 죄악을 사하시며 네 모든 병을 고치시며"(시편 103:2-3).

"상심한 자들을 고치시며 그들의 상처를 싸매시는도다"(시편 147:3).

"내 아들아 내 말에 주의하며 내가 말하는 것에 네 귀를 기울이라. 그것을 네 눈에서 떠나게 하지 말며 네 마음 속에 지키라. 그것은 얻는 자에게 생명이 되며 그의 온 육체의 건강이 됨이니라"(잠언 4:20-22).

"그가 채찍에 맞으므로 우리는 나음을 입었도다"(이사야 53:5).

"내가 너를 치료하여 네 상처를 낫게 하리라"(예레미야 30:17).

"내 이름을 경외하는 너희에게는 공의로운 해가 떠올라서 치료하는 광선을 비추리니"(말라기 4:2).

"이는 선지자 이사야를 통하여 하신 말씀에 그가 우리의 연약한 것을 친히 담당하시고 병을 짊어지셨도다 함을 이루려 하심이더라"(마태복음 8:17).

"너희 중에 병든 자가 있느냐? 그는 교회의 장로들을 청할 것이요 그들은 주의 이름으로 기름을 바르며 그를 위하여 기도할지니라. 믿음의 기도는 병든 자를 구원하리니"(야고보서 5:14-15)

"사랑하는 자여 네 영혼이 잘됨 같이 네가 범사에 잘되고 강건하기를 내가 간구하노라"(요한삼서 1:2).

이 구절들을 하나씩 묵상하세요. 매일 한 구절씩 묵상하면

2주가 걸립니다. 2주 동안 깊이 묵상하세요. 그리고 다시 반복하세요.

어떻게 묵상할까요? 14장에서 한 단어씩 묵상하는 법을 배웠습니다?

잠언 4장 22절로 예를 들어보겠습니다.

그것은 얻는 자에게 생명이 되며 그의 온 육체의 건강이 됨이니라.

그것은 - 무엇을 가리키나? 하나님의 말씀입니다.

얻는 자에게 - 어떻게 얻나? 듣고, 읽고, 묵상하고, 지킵니다.

생명이 되며 - 단순한 지식이 아닙니다. 생명입니다. 살아있는 능력입니다.

그의 온 육체의 - 영만이 아닙니다. 육체도 포함됩니다.

건강이 됨이니라 - 말씀이 육체의 건강이 됩니다."

이렇게 한 구절을 10-20분 묵상합니다. 그러면 말씀이 내 마음에 들어옵니다. 믿음이 생깁니다.

4. 선포 기도의 힘

말씀을 읽었으면 묵상하고 묵상했으면 이제 선포해야 합니다.

선포란 무엇일까요? 크게 소리 내어 말씀을 선언하는 겁니다.

왜 선포해야 할까요? 14장에서 배웠습니다. 로마서 10장 17절. 믿음은 들음에서 나며 들음은 그리스도의 말씀으로 말미암았느니라. 말씀을 들어야 믿음이 생깁니다. 자기가 선포한 말씀을 자기 귀로 들어야 합니다.

선포 기도 방법

일어서서 하세요
누워서 하지 마세요
서서 하면 권위가 생깁니다
크게 소리 내세요
중얼거리지 마세요
선포는 크게 해야 합니다
단호하게 하세요
"인가요?" 아닙니다
"입니다!" 선언입니다
반복하세요
한 번으로 끝내지 마시고 3번, 7번, 10번 반복하세요

이사야 53장 5절 하반절을 외우겠습니다.
다 같이 일어서서 크게 3번 선언합니다.

"나는 예수님이 채찍에 맞음으로 나음을 입었습니다!"
"나는 예수님이 채찍에 맞음으로 나음을 입었습니다!"
"나는 예수님이 채찍에 맞음으로 나음을 입었습니다!"

강의실이 선포로 가득 찼습니다. 어떤 분은 눈물을 흘리며 선포했습니다. 어떤 분은 주먹을 들고 선포했습니다.

느껴지시나요? 이것이 선포의 능력입니다. 말씀이 우리 속에 들어옵니다. 믿음이 생깁니다.

매일 아침 일어나서 선포하세요. 저녁에 자기 전에 선포하세요. 불안할 때 선포하세요. 두려울 때 선포하세요.

> **"죽고 사는 것이 혀의 힘에 달렸나니 혀를 쓰기 좋아하는 자는 혀의 열매를 먹으리라"**(잠언 18:21).

혀의 힘이 죽고 사는 것을 결정한다고 했습니다. 생명의 말씀을 선포하세요. 그러면 생명이 옵니다.

5. 말씀 암송과 뇌과학

말씀을 더 깊이 내 것으로 만드는 방법이 있습니다. 암송입니다.

한 집사님이 물으셨습니다.

"목사님, 나이가 들어서 암기가 안 되는데요. 저 벌써 60대예요."

나이는 상관없습니다. 뇌는 평생 변할 수 있습니다. 신경가소성(Neuroplasticity)이라고 합니다. 2000년 노벨 생리의학상 주제였습니다. 뇌는 죽을 때까지 새로운 연결을 만들 수 있습니다. 나이가 들어도 암기할 수 있습니다."

오히려 말씀 암송이 뇌를 젊게 만듭니다. 2014년 미국 캘리포니아 대학 연구팀이 발표한 논문을 보면, 암송 훈련을 한 노인들의 해마(기억 담당 부위)가 커졌다고 합니다. 뇌가 젊어진 겁니다.

(1) 말씀 암송 방법

짧은 구절부터 시작하고 한 절만 외우세요
완벽하게 외울 때까지 반복, 반복, 반복합니다.
아침에 10번, 낮에 10번, 저녁에 10번, 일주일 동안 매일
저는 암 환자분들께 반드시 5구절은 외우라고 권합니다.

(2) 반드시 외울 성경구절

① **"그가 채찍에 맞으므로 우리는 나음을 입었도다"**(이사야 53:5).

② **"그것은 얻는 자에게 생명이 되며 그의 온 육체의 건강이 됨이니라"**(잠언 4:22).

③ **"내가 사망의 음침한 골짜기로 다닐지라도 해를 두려워하지 않을 것은 주께서 나와 함께 하심이라"**(시편 23:4).

④ **"내게 능력 주시는 자 안에서 내가 모든 것을 할 수 있느니라"**(빌립보서 4:13).

⑤ "우리가 알거니와 하나님을 사랑하는 자 곧 그의 뜻대로 부르심을 입은 자들에게는 모든 것이 합력하여 선을 이루느니라"(로마서 8:28).

이 5구절을 외우세요. 한 달에 하나씩 외우면 5개월이 걸립니다. 천천히 하세요. 급하게 하지 마세요.

한 권사님이 간증하셨습니다.

"저 5구절 다 외웠어요. 처음에는 안 외워졌어요. 나이 들어서 그런가 생각했어요. 근데 매일 반복하니까 외워지더라고요. 지금은 아무 때나 암송할 수 있어요. 병원 가면서, 잠들기 전에, 불안할 때... 말씀이 저를 지켜줘요. 말씀이 제 안에 살아있어요."

6. 신앙 공동체

하나님과 친밀한 관계를 맺는 세 번째 방법은 신앙 공동체입니다. 혼자 신앙 생활할 수 있을까요? 안 됩니다. 함께해야 합니다.

"서로 돌아보아 사랑과 선행을 격려하며 모이기를 폐하는 어떤 사람들의 습관과 같이 하지 말고 오직 권하여 그날이 가까움을 볼수록 더욱 그리하자"(히브리서 10장 24-25)

모이기를 폐하지 말라고 했습니다. 왜냐하면 함께 모일 때 서로 격려하고 힘을 얻기 때문입니다. 이미 이 책에서 배웠죠? 교회 공동체가 면역력을 올리고 NK세포 활성도가 35% 높아집니다.

(1) 어떻게 교회 생활을 할까요?

교회에 나가세요. 예배드리세요. 사람들과 교제하세요. 혼자 있지 마세요.

2018년 예일 대학 연구, 12장에서 배웠죠? 종교 공동체에 속한 사람들이 NK세포 활성도가 35% 높고, 스트레스 호르몬이 낮고, 염증 수치가 낮았다고. 교회 생활이 건강에 도움이 됩니다.

한 장로님이 간증하셨습니다.

"저는 암 진단받고 교회에 안 나갔어요. 창피했어요. 사람들 만나기 싫었어요. 집에서 혼자 방송 예배만 봤어요. 근데 점점 우울해지더라고요. 고립됐어요. 그래서 다시 교회에 나가기 시작했어요. 처음에는 어색했어요. 근데 교회 식구들이 반겨줬어요. 이것도 안고, 기도도 해주고... 너무 감사했어요. 혼자 있을 때는 절망적이었는데, 함께 있으니까 희망이 생겼어요. 교회가 저에게 힘이 됐어요."

(2) 중보기도 네트워크

교회 생활 중에서도 특히 중요한 것이 중보기도입니다.

중보기도란 다른 사람을 위해 기도하는 겁니다. 혼자 기도하는 것도 중요하지만, 다른 사람이 나를 위해 기도해주는 것도 중요합니다.

“그러므로 너희 죄를 서로 고백하며 병이 낫기를 위하여 서로 기도하라. 의인의 간구는 역사하는 힘이 큼이니라”(야고보서 5:16)

서로 기도하라고 했습니다. 의인의 간구는 역사하는 힘이 크다고 했습니다. 기도는 능력이 있습니다.

어떻게 중보기도 네트워크를 만들까요?

① 기도 파트너 찾기

나를 위해 기도해줄 2-3명

신뢰할 수 있는 사람

매일 연락할 수 있는 사람

② 기도 제목 공유하기

구체적으로 나누세요

숨기지 마세요

솔직하게 말하세요

③ 정기적인 기도 시간

매일 같은 시간에

각자 자기 장소에서

서로를 위해 기도

④ 기도 응답 나누기

응답받은 것을 나누세요

함께 감사하세요
믿음이 강해집니다

한부본에서는 중보기도팀을 운영합니다. 대략적으로 중보기도반에는 5-10명 정도가 배정됩니다. 반원이 돌아가면서 매일 기도합니다. 월요일 A집사, 화요일 B권사...

중보기도의 효과가 있습니다.

2006년 미국 하버드 의대에서 연구했습니다. 심장 수술 환자들을 두 그룹으로 나눴습니다. 한 그룹은 중보기도를 받게 했고, 다른 그룹은 일반 치료만 받게 했습니다.

결과가 어땠을까요? 중보기도를 받은 그룹의 합병증 발생률이 50% 낮았습니다. 회복 기간도 짧았습니다.

중보기도는 효과가 있습니다. 과학적으로 측정 가능한 효과입니다.

한 집사님이 간증하셨습니다.

"저 중보기도팀 5명이 있어요. 매일 돌아가면서 저를 위해 기도해주셨어요. 처음에는 미안했어요. 이렇게까지 해야 하나 싶었어요. 근데 너무 감사해요. 누군가 나를 위해 기도하고 있다는 것만으로도 힘이 나요. 불안할 때 생각해요. 지금 누군가 나를 위해 기도하고 있어. 그러면 평안해져요. 혼자가 아니에요. 함께하고 있어요."

7. 섬김과 나눔의 치유력

마지막으로 섬김과 나눔입니다.

한 권사님이 물으셨습니다.

"목사님, 저는 환자인데 어떻게 섬겨요? 섬김을 받아야죠."

좋은 질문입니다. 하지만 받기만 하면 우울해집니다.

주어야 합니다. 주는 자가 더 행복합니다.

"범사에 여러분에게 모본을 보여준 바와 같이 수고하여 약한 사람들을 돕고 또 주 예수께서 친히 말씀하신 바 주는 것이 받는 것보다 복이 있다 하심을 기억하여야 할지니라"(사도행전 20:35).

주는 것이 받는 것보다 복이 있다고 했습니다. 이것은 단순한 도덕적 교훈이 아닙니다. 과학적 사실입니다.

2006년 미국 NIH에서 연구했습니다. 자원봉사를 하는 사람들의 뇌를 MRI로 촬영했습니다. 다른 사람을 도울 때 보상 중추가 활성화되었습니다. 도파민이 분비되었습니다. 행복 호르몬입니다.

또한 2013년 캘리포니아 대학 연구팀이 발표한 논문을 보면, 자원봉사를 하는 사람들의 염증 수치가 낮았다고 합니다. 면역력이 높았습니다.

다른 이들을 섬기면 내가 건강해집니다.

어떻게 섬길까요? 큰 것을 하려고 하지 마세요. 작은 것부터 시작하세요.

몸이 아파도 할 수 있는 섬김이 있습니다. 찾아보세요. 실천하세요.

한 집사님이 간증하셨습니다.

"저는 항암 치료하면서 병원에서 만난 다른 환자분들에게 제 이야기를 나눴어요. 처음에는 제가 위로받으려고 했는데, 제가 다른 분들을 위로하게 됐어요. 제 경험을 나누니까 다른 분들이 희망을 가지더라고요. 그러면서 저도 힘이 났어요. 아, 내 아픔이 헛되지 않구나. 누군가에게 도움이 되는구나. 그렇게 생각하니까 의미가 생겼어요. 섬기면서 제가 더 치유됐어요."

(한 권사님의 변화 간증)

6개월 후, 처음에 질문했던 권사님이 다시 오셨습니다.

"목사님, 저를 기억하세요? 6개월 전에 제가 뭔가 허전하다고 했잖아요. 하나님을 놓치고 있는 것 같다고."

기억합니다.

"목사님 말씀대로 실천했어요. 매일 감사 기도했어요. 치유 기도 3단계로 기도했어요. 한 달에 한 번씩 24시간 금식 기도했어요. 말씀 묵상했어요. 5구절 다 외웠어요. 선포 기도도 매일 했어요. 교회 생활 열심히 했어요. 소그룹도 빠지지 않고 나갔어요. 중보 기도팀도 만들었어요. 다른 환자들 섬기기도 시작했어요."

정말 대단하시네요.

"목사님, 달라졌어요. 완전히 달라졌어요."

눈물이 흘렀지만 기쁨의 눈물이었습니다.

"하나님과 가까워졌어요. 예전에는 하나님이 멀게만 느껴졌어요. 기도해도 응답이 없는 것 같았어요. 근데 지금은 하나님이 바로 옆에 계신 것 같아요. 기도하면 들으시는 게 느껴져요. 말씀을 읽으면 제게 말씀하시는 게 들려요."

"평안해졌어요. 예전에는 항상 불안했어요. 재발하면 어떡하지, 죽으면 어떡하지... 근데 지금은 평안해요. 하나님이 함께 계시니까 두렵지 않아요. 죽어도 괜찮아요. 천국 가는 거니까. 근데 살아도 괜찮아요. 하나님이 쓰실 거니까."

"두려워하지 말라. 내가 너와 함께 함이라. 놀라지 말라. 나는 네 하나님이 됨이라. 내가 너를 굳세게 하리라. 참으로 너를 도와 주리라. 참으로 나의 의로운 오른손으로 너를 붙들리라"(사 41:10).

"기쁨이 생겼어요. 예전에는 매일 우울했어요. 눈물만 났어요. 근데 지금은 웃어요. 진짜 기쁨이 있어요. 암이 있는데도 행복해요."

"그리고 목사님, 어제 검사 결과 받았어요."

어떻게 나왔어요?

"완전 괜찮아요. 암이 거의 안 보인대요. 의사 선생님이 깜짝 놀라셨어요. 목사님, 하나님이 저를 치유하셨어요."

"그가 채찍에 맞으므로 너희는 나음을 얻었나니"(베드로전서 2:24 하반절).

울면서 웃으셨습니다.

"처음에는 몸만 치유받으려고 했어요. 근데 하나님은 제

영혼을 먼저 치유하셨어요. 하나님과의 관계를 회복시켜 주셨어요. 그랬더니 몸도 치유되었어요. 진짜 중요한 건 영적 건강이었어요."

> **"사랑하는 자여 네 영혼이 잘됨 같이 네가 범사에 잘되고 강건하기를 내가 간구하노라"**(요한삼서 1:2).

면역력을 높이는 실천적 가이드

암세포를 죽이는 NK세포와 영혼육의 건강

펴낸날 1판 1쇄 2025년 12월 20일

지은이 데이빗리
펴낸이 이환호
디자인 박지영

펴낸곳 도서출판 예찬사
등록 1979. 1. 16 제 2018-000103호
주소 경기도 고양시 덕양구 중앙로 557번길 8-9
엠앤지프라자 407-2호
전화 02-798-0147
팩시밀리 02-798-0145, 031-979-0145
블로그 blog. naver.com/yechansa
이메일 octo0691@naver.com

ISBN 978-89-7439-535-3 03230

*좋은 책은 좋은 사람을 만듭니다.
*예찬사는 기독교 출판 실천윤리강령을 준수합니다.